U0548164

少儿播音主持与口才
教学法

靳雯捷◎著

图书在版编目（CIP）数据

少儿播音主持与口才教学法/靳雯捷著. —北京：知识产权出版社，2024.4
ISBN 978-7-5130-8990-6

Ⅰ.①少… Ⅱ.①靳… Ⅲ.①少年儿童—播音—语言艺术—教学法②少年儿童—主持人—语言艺术—教学法 Ⅳ.①G222.2

中国国家版本馆 CIP 数据核字（2023）第 230576 号

责任编辑：邓　莹　　　　　　　　　责任校对：王　岩
封面设计：杨杨工作室·张冀　　　　责任印制：刘译文

少儿播音主持与口才教学法

靳雯捷　著

出版发行：	知识产权出版社有限责任公司	网　　址：	http://www.ipph.cn
社　　址：	北京市海淀区气象路50号院	邮　　编：	100081
责编电话：	010-82000860 转 8346	责编邮箱：	dengying@cnipr.com
发行电话：	010-82000860 转 8101/8102	发行传真：	010-82000893/82005070/82000270
印　　刷：	三河市国英印务有限公司	经　　销：	新华书店、各大网上书店及相关专业书店
开　　本：	720mm×1000mm 1/16	印　　张：	14.5
版　　次：	2024年4月第1版	印　　次：	2024年4月第1次印刷
字　　数：	206千字	定　　价：	78.00元
ISBN 978-7-5130-8990-6			

出版权专有　侵权必究
如有印装质量问题，本社负责调换。

前　言

改革开放以来，党和国家高度重视教育政策对中小学艺术教育的支撑与引领作用，近年来，为了保障和推进我国中小学艺术教育的发展，提高中小学生的艺术素质，连续出台一系列中小学艺术教育政策，积极努力地落实艺术教育在中小学的普及。这些政策对各中小学校起到了督促作用，督促中小学学校开齐开足艺术教育课程。例如，2002年7月，教育部颁布《学校艺术教育工作规程》（以下简称《规程》），指出全国各级学校都要注重艺术教育的重要性，并要求各级学校开齐开足艺术课程。2014年教育部又出台新的政策，明确规定要建立中小学学生的艺术素质评价制度。2015年开始对中小学学生进行考评并且考评成绩会记录在学生的成长档案中，考评成绩也是综合评价中小学生发展状况的一部分，中高考录取也将其作为参考依据。以上这些举措，都积极地促进了中小学艺术教育的发展，为教育发展提供了动力。

事实上，艺术教育是实现人的全面发展的重要途径。人的全面发展是指人"完整发展"，我们通常所说的"人的全面发展"，是指受教育者在德、智、体、美、劳这五方面得到完整发展。作为全面发展重要的组成部分，美育已经被列入国家教育方针，而艺术教育是发展美育的重要途径，一方面，艺术教育起到了培养审美认知的作用，基本满足人的精神审美需求；另一方面，艺术教育也进一步促进了人的全面发展。艺术教育的本质是审美教育，促进人的情感、智力、道德品质以及人格等的发展，鼓励人们勇于追求真、善、美的和谐价值观，对人的全面发展起到了极大的促进作用。

《义务教育艺术课程标准（2022年版）》❶指出：以习近平新时代中国特色社会主义思想为指导，全面贯彻党的教育方针，遵循教育教学规律，落实立德树人根本任务，发展素质教育。习近平总书记多次强调，课程教材要发挥培根铸魂、启智增慧的作用，必须坚持马克思主义的指导地位，体现马克思主义中国化最新成果，体现中国和中华民族风格，体现党和国家对教育的基本要求，体现国家和民族基本价值观，体现人类文化知识积累和创新成果。艺术是人类精神文明的重要组成部分，是运用特定的媒介、语言、形式和技艺等塑造艺术形象，反映自然、社会及人的创造性活动。艺术教育以形象的力量与美的境界促进人的审美和人文素养的提升。艺术教育是美育的重要组成部分，其核心在于弘扬真善美，塑造美好心灵。义务教育艺术课程以立德树人为根本任务，培育和践行社会主义核心价值观，着力加强社会主义先进文化、革命文化、中华优秀传统文化的教育；坚持以美育人、以美化人、以美润心、以美培元，引领学生在健康向上的审美实践中感知、体验与理解艺术，逐步提高感受美、欣赏美、表现美、创造美的能力，抵制低俗、庸俗、媚俗倾向；引导学生树立正确的历史观、民族观、国家观、文化观，增强爱党、爱国、爱社会主义的情感，坚定文化自信，提升人文素养，树立人类命运共同体意识，为实现中华民族伟大复兴而不懈奋斗。

在"双减"的教育政策背景下，对于艺术的重视程度不断提高，提高人文素养和艺术教育的重要性日益彰显，强化语言表达教育教学是提高国民语言文字应用能力、提升人力资源素质的主要渠道，有声语言艺术在全民阅读和"讲好中国故事"的大背景下也显得尤为重要。良好的口才与演讲能力体现了一个人较高的综合素养，这种能力受到越来越多教育工作者

---

❶ 中华人民共和国教育部. 义务教育艺术课程标准（2022年版）[M] 北京：北京师范大学出版社，2022.

的重视。然而，在实际教育中，对口才演讲能力的培养落实不到位，或未找到恰当的实施方式，导致学生的口才演讲能力未能得到充分培养。小学阶段是学生发展的关键期与重要时期，教师应探索合适的方式，发展学生的口才演讲能力，为学生的未来发展打好基础。

目　　录

第一章　国家政策阐述及师德师风教育 ·· 1
　　一、国家政策阐述 ··· 1
　　二、师德师风教育 ··· 13

第二章　教学教法概述 ··· 26
　　一、课程概述 ··· 26
　　二、课程设计的模式 ·· 36
　　三、教学理论与模式 ·· 44

第三章　教师专业素养训练与发展 ·· 64
　　一、教师专业素养 ··· 64
　　二、教师专业发展取向 ··· 71
　　三、教师专业发展方法 ··· 75
　　四、教师的专业地位 ·· 81
　　五、良好师生关系的构建及其意义 ·· 86
　　六、口才教师专业素养训练 ··· 95

第四章　3~10岁儿童认知发展特点 ··· 129
　　一、儿童认知结构理论简述 ··· 129
　　二、皮亚杰认知结构理论中儿童认知发展的阶段及转换 ··················· 132
　　三、3~6岁幼儿的基本发展特点 ·· 135
　　四、7~10岁儿童认知发展特点 ··· 152

第五章　儿童语言标准化教学参考 ·································· 167
　　一、培养儿童语言能力的重要性 ································ 167
　　二、培养儿童语言能力的意义 ···································· 168
　　三、现阶段儿童语言教学中存在的问题 ······················ 169
　　四、儿童口才培养的教学模式 ···································· 171
　　五、儿童语言教学实施策略 ······································· 188
　　六、儿童语言教学活动实施 ······································· 191

第六章　课堂教学案例实操 ··· 199
　　一、语言能力训练案例 ·· 199
　　二、情商表演课案例 ·· 202
　　三、课后练习 ··· 204
　　四、家长参与 ··· 205
　　五、舞台呈现 ··· 208

结　　语 ··· 214

参考文献 ··· 218

第一章 国家政策阐述及师德师风教育

一、国家政策阐述

随着我国教育事业的不断发展，艺术教育的内涵也逐渐丰富起来，最早的"六艺"就是基础教育，其中的"乐教"就是现在我们所说的艺术教育，它所担任的角色是德育教师的作用，对学生起到教化的作用，因为其在古代的特殊性，使得艺术教育更偏向实用方面，一直到民国时期，王国维引入"美育"这一概念，当时的教育部对这一思想进行了大规模的推广，使得艺术教育在教育中有了一席之地。因为艺术教育是美育的主要传播方式，独立于传统的艺术教育，所以，艺术教育在审美和育人这两个方面具有独特的优势，成为当代学校关注的重点。例如，郭声健就指出，艺术教育的目标是使学生可以感悟艺术，采用联系艺术形式和艺术内容的方式理解艺术的思想，使得学生开始追求美好事物。❶ 现代意义上的艺术教育已经与古代的艺术教育在内涵与外延上发生了革新，重新诠释了艺术教育的概念。贺志朴、姜敏认为艺术教育是以艺术为媒介

---

❶ 郭声健. 艺术教育 [M]. 北京：教育科学出版社，2001：32-33.

培养人的艺术能力与艺术境界的活动,艺术教育可以分为学校艺术教育和非学校艺术教育两种形式,艺术教育包括形式层面、审美层面和非审美层面三个层次。❶ 抗文生认为艺术教育是指以艺术知识为特定教育内容而对教育对象实施的教育,以达到艺术才能培养的任务与目标。❷ 魏传义认为艺术教育分为广义的艺术教育和狭义的艺术教育两种,广义的艺术教育是指:在生活中一切因接触艺术作品、参与艺术活动而产生艺术兴趣、获得艺术能力、提高艺术修养的活动。狭义的艺术教育则是指:按照一定的社会要求,对受教育者所施加的一种有目的、有计划、有系统的艺术影响,学校是其主要实施场所。无论哪一种艺术教育,都包括艺术创造力的培养、艺术欣赏能力的培养和艺术知识的传授。❸ 陈丽认为"艺术教育"有着两种不同的含义和内容。从狭义上讲,"艺术教育"被理解为对培养专业艺术人才所进行的各种理论和实践教育。从广义上讲,"艺术教育"作为美育的核心,主要在于培养人的整体素质,同时注重人的全面修养和综合素质的提高,培养复合型人才,因此,它的根本目标是培养全面发展的人。❹ 综上所述,我国学者对艺术教育的认识形成初步的共识。学界普遍认为艺术教育可以分为"广义的艺术教育"和"狭义的艺术教育","广义的艺术教育"以提高人的综合素质,培养全面发展的人为目标,而"狭义的艺术教育"则侧重于学校艺术教育,注重培养专业型的艺术人才。

  周蕾认为,中小学艺术教育是在中小学生群体中开展与艺术密切联系学科的教育,例如舞蹈、音乐、美术等学科,在促进学生全面发展中起到了举足轻重的作用,不仅可以提高学生的审美能力,还能提高其综合素质。❺ 林耿指出,中小学艺术教育是关于普通中小学的艺术教育,同时也是区别于专业艺术教育和职业性艺术教育的一项专门针对中小学生的素质

---

❶ 贺志朴,姜敏. 艺术教育学[M]. 北京:人民出版社,2001:36-40.
❷ 抗文生. 教育艺术与艺术教育[J]. 西北师大学报(社会科学版),1991(1).
❸ 魏传义. 艺术教育学[M]. 重庆:重庆出版社,1990:6.
❹ 陈丽. 艺术教育浅议[J]. 江西社会科学,2001(12).
❺ 周蕾. 中小学艺术教育的重要性分析[J]. 艺术教育,2019(3).

教育，它以培养学生的审美意识为最终目标，充分激发学生的审美潜力，使学生学会把握艺术形式背后所蕴含的意义和价值，学会在生活中发现美、创造美。❶ 分析以上几篇文章的研究，对其观点进行总结及概括，可以得出以下结论：中小学艺术教育的对象是中小学生，中小学生的身心发展有其自身的独特性，所以，中小学艺术教育在教育目标、手段、内容等方面也有其特殊性。在对中小学生群体进行艺术教学时，须遵循学生的身心发展规律，有针对性地进行教学，从而达到提高学生审美能力和综合素质的目标。

（一）艺术教育国家政策变化

改革开放以来，人们对于教育史的分期逐渐按照教育本身发展规律划分阶段，将社会形态与历史年代的坐标视为潜行暗线，教育历史事实演进则为明线。因此，在对改革开放以来我国中小学艺术教育政策的阶段划分之前，笔者阅读分析了大量的文献资料，参考改革开放以来我国中小学艺术教育发展史上发生的重要事件，把握中小学艺术教育政策的演进历程。"文化大革命"期间，我国中小学艺术教育遭受严重破坏和影响，致使中小学艺术教育在很长一段时间内处于停滞不前的发展状态。党的十一届三中全会的召开标志着我国进入改革开放新时期，中小学艺术教育政策得到恢复，中小学艺术教育的发展也迎来了春天。1981年，教育部、文化部联合下发《关于当前艺术教育事业若干问题的意见》，指出要高度重视专业艺术人才的培养工作，与此同时，也要兼顾基础教育中的美育，各个部门要加强领导，大力支持，摆正艺术教育的位置。该意见的出台为中小学艺术教育的发展创造了良好的外部环境。1999年中共中央、国务院颁布的《关于深化教育改革全面推进素质教育的决定》，首次将美育纳入教育方针，美育拥有了与其他"四育"平等的地位。这些重要政策文件的出台，

---

❶ 林耿. 论艺术教育在中小学素质教育中的重要性［J］. 北方音乐，2019，39（6）.

在赋予美育平等地位的同时，也给中小学艺术教育的发展带来了积极影响。

我国中小学艺术教育政策的历史阶段划分，不能简单地只凭借某些重要政策文件和事件，因为政策的发展是动态的过程，所以笔者没有将中小学艺术教育政策的阶段划分具体到年份。此外，通过对收集的文献的深入研读，笔者发现，改革开放以来我国每一个历史阶段的中小学艺术教育政策都具有该时期鲜明的特征。综合考量，笔者最终将改革开放以来我国中小学艺术教育政策的发展大致分为三个阶段，分别是：调整恢复阶段、迅速发展阶段以及改革转型阶段。

1. 调整恢复阶段：重构与创新

改革开放初期，党和政府为了尽快恢复艺术教育，从宏观上改革和创新教育体制，解放思想，将美育纳入教育方针，并积极调整和恢复艺术教育体系，努力改善艺术教育教学环境，并制定了一系列的法律法规来鞭策艺术教育的发展，这也为下一发展阶段奠定了基础。

我国中小学艺术教育政策调整恢复的背景主要有四个方面：政治、经济、文化和国际环境。"文化大革命"结束后，为了尽快恢复我国的艺术教育工作，调整艺术教育发展的目标和方向，国家和政府采取了强有力的措施，对中小学艺术教育的组织管理机构作出了调整，保障了中小学艺术教育的发展。党中央在总结"文化大革命"的经验教训上，深刻认识到民主与法治建设的重要性。教育部在1981年工作会议上明确了艺术教育的工作重心，强调了艺术教育的发展要与社会发展需要相适应，为艺术教育政策的制定指明了方向。此外，在社会经济发展方面，改革开放以来，我国经济发展快速驶入"快车道"，人们的物质生活水平显著提高，精神文化需求也与日俱增。随着社会的民主和法治化，艺术教育的社会功能和价值也在不断变化，人们可以根据自己的爱好自由选择文娱项目，丰富了艺术教育的价值。这些外部因素都为中小学艺术教育政策的发展提供了良好的环境。

该时期，我国颁布的艺术教育政策的工作重心主要集中在学校艺术教育，党中央召开全国教育工作会议，改革和创新教育体制，解放教育思想，并制定和颁布一系列政策，保障艺术教育的发展。例如，1985年，国务院召开了改革开放以来全国第一次教育工作会议，会议主题是"中共中央关于教育体制改革的决定"，明确该次决定的相关措施，此次会议紧密围绕着教育体制改革的问题开展，虽然没有具体涉及中小学艺术教育，但是，中小学艺术教育是基础教育的重要组成部分，两者关系密切。如果没有这次宏观上的教育体制改革，那么中小学艺术教育的发展便无从谈起，因此，从这个视角来看，虽然这次全国教育工作会议没有提及中小学艺术教育以及美育，但是它为恢复美育，确立中小学艺术教育在学校教育中的重要地位奠定了坚实的基础，营造了良好的发展环境。此外，我们需要看到，从宏观上对教育体制进行改革，不仅促进了教育思想的解放，还在体制和思想层面为中小学音乐教育健康发展提供了保障。再如，1986年，六届全国人大四次会议审议通过了《中华人民共和国国民经济和社会发展第七个五年计划》，明确指出了"各级各类学校都要加强思想政治工作，贯彻德育、智育、体育、美育全面发展的方针"。1986年的《中华人民共和国义务教育法草案》的相关说明中也再次强调"在中小学教育中应该贯彻德、智、体、美全面发展的方针……注意加强音乐、美术、体育等科目的教育"。党和国家再次看到了美育和中小学艺术教育的重要性，并将美育纳入教育方针，让艺术教育回到了学校教育的大环境中。

我国中小学艺术教育政策在不断调整与恢复的过程中，主要呈现出重构与创新的特征。首先，重构体现在对中小学艺术教育的组织管理机构作出了调整，这点也是前文提到的，1986年原国家教育委员会（以下简称"原国家教委"）成立了艺术教育处，这是我国成立的首个主管普通学校艺术教育工作的专门机构，同时，它也改写了我国艺术教育没有专门管理机构、没有专人负责的历史。此外，原国家教委还成立了艺术教育委员会，它在学校艺术教育教学改革、方针、政策以及发展规划等重要问题上直接为原国家教委提供咨询。除此之外，艺术教育处还要协助原国家教委检查、指导、督促各级各类学校艺术教育的具体实施情况。随后，原国家教委在全国各地相继建立了一套艺术教育的行政管理部门和教学科研部门。其次，在调整恢复阶段，我国中小学艺术教育政策还有许多新颖和创新的举措，确立美育方针，从宏观上对教育体制进行改革和创新，实现教育思想的大解放，进一步加强对中小学艺术教育的宏观规划与指导，贯彻落实了国家德智体美劳全面发展的教育方针。在此阶段，我国中小学艺术教育理论创新成果也方兴未艾，主要有《艺术教育学》《学校艺术教育史》等，这些理论创新成果也推动着中小学艺术教育政策的调整和恢复。最后，与之相关的中小学艺术教育实践也在教学计划、教学大纲、教材建设等方面进行了创新。自改革开放以来，我国艺术教育开始面向世界，积极接受国外先进的艺术教育制度，借鉴西方先进国家成功的教育经验，将前沿的国外教学方法与我国艺术教育相融合，"取其精华、去其糟粕"，主要有美国的综合音乐感教学法等。通过学习这些优秀的艺术教育教学方法，艺术教育教师的知识结构得以更新与丰富。

2. 迅速发展阶段：民主与法治

在上一个阶段调整与恢复的基础上，我国中小学艺术教育进入了快速发展阶段，以《全国学校艺术教育总体规划（1989—2000年）》（〔89〕教社科字003号）的颁布为标志，在该阶段，我国中小学艺术教育在各个方面都得到了快速发展，政策呈现出民主与法治的特征。为了明确艺术教育的发展方向，1989年原国家教委又下发了《全国学校艺术教育总体规划（1989—2000年）》（以下简称《总体规划》），强调："艺术教育是学校实施美育的重要途径，作为学校教育的重要组成部分，具有不可替代的作用，也是提高学生道德水准、陶冶高尚情操、促进学生全面发展的重要途径。"这是第一个十年艺术教育规划，也是国家首次专门针对艺术教育提出的规划。为了推进中小学艺术教育更好更快地发展，1993年，《中国教育改革和发展纲要》（以下简称《纲要》）和《关于加强学校艺术教育的意见》（以下简称《意见》）先后颁布，表明国家对美育和中小学艺术教育的重视又迈上了一个新台阶。《纲要》明确指出：美育对于培养学生健康的审美观念和审美能力，陶冶高尚的道德情操，培养全面发展的人才具有重要作用。我们要正确认识美育在中小学艺术教育中的作用，根据实际情况，针对性地开展形式多样的美育活动。这是国家首次以正式颁发的文件来论述美育在学校教育中的地位和作用，它为我国中小学艺术教育的快速发展提供了政策保障，开创了我国中小学艺术教育的新局面。与此同时，《意见》也是这一时期国家颁发的艺术教育文件的一个总结。

1989年《儿童权利公约》在联合国大会上通过，公约对中小学生各方面的权利保护都有提及，包括受保护权、生存权、发展权等，其中最重要的是保障中小学生的创造力和实践能力，该公约提到要让中小学生拥有可以自主选择进行艺术活动的权利，要理解中小学生阶段他们的思维方式，给他们充分发挥自身想法的空间。1990年以后，我国的综合国力日益增强，国际地位进一步提高，社会经济迅速发展，国家对中小学艺术教育事业的建设有了更深层的认识和理解，结合中小学发展的实际情况，精准科学地扶持中小学艺术教育事业的发展，加大对艺术教育的财政补贴和资金投入。因此，我国于1990年8月签订了这份公约，肯定了公约的内容，保证遵守公约的每条规定。这意味着我国的中小学艺术教育又迈出了一大步。同时，《中共中央关于教育体制改革的决定》《中华人民共和国义务教育法》等教育法规为教育部制订教学大纲、课程计划等提供了精神指导。特别是《中华人民共和国教育法》的颁布促使我国教育在法律的轨道上迈进，我国的教育事业也有了相应的法律保障。在全国召开的教育工作会议上，江泽民同志对国民教育重新定义，强调教育事业要秉持"为人民服务，提升公民素养"的宗旨，实现教育和实践的统一，注重提升学生的创造力，培养全面发展的人才，不能将美育与体育混为一谈，让德育、智育、体育、劳育及美育在教育事业中充分发挥各自的作用。此外，我国中小学艺术教育政策在迅速发展阶段呈现出的民主与法治特点，主要体现在政策制定内容上，不管是关于教育发展规划的制订，还是关于教育体制的改革，都从国家层面出台教育法，无不体现着这一时期中小学艺术教育政策的民主性与法治化。

总体来看，该阶段得益于调整恢复阶段打下的基础，以及国内外良好的社会发展环境，我国中小学艺术教育事业得以迅速发展，工作重心主要侧重于教育体制的改革和相关法律法规的颁布，指导和保障中小学艺术教育工作的开展，培养德智体美劳全面发展的学生，提高全民素质。

3. 改革转型阶段：人本与未来

随着我国经济的快速发展，社会呈现出一派新气象。新时期，我国教育事业也面临着新的机遇与挑战，对艺术教育发展也提出了更高的要求。中小学艺术教育在良好的社会环境下，开始了改革转型的新阶段。进入21世纪，针对我国基础教育的发展问题，2001年国务院颁布了《关于基础教育改革与发展的决定》（国发〔2001〕21号），着重强调了基础教育的重要性，同时还对基础教育课程体系的构建提出了硬性要求，加强素质教育，以满足新时代中国的发展需求。为了使改革的目标更加明确、行动实施有章可循、提高课程的规范性，教育部出台了相应的文件，2002年颁布了《全国学校艺术教育发展规划（2001—2010年）》（教体艺〔2002〕6号）（以下简称《艺术教育发展规划》），这是改革开放以来颁布的第二个十年学校艺术教育指导性文件。《艺术教育发展规划》指出，到2005年，在九年义务教育阶段，城市与农村的学校艺术课程开课率分别要达标，同时还提出了加大对学校艺术教育的资金投入，面向全体学生开展丰富多彩的艺术课程。最后，还指出要在2010年前，建立符合素质教育要求的大、中、小学相衔接的，具有中国特色的学校艺术教育体系。2006年，《中共中央关于构建社会主义和谐社会若干重大问题的决定》（中发〔2006〕19

号)(以下简称《决定》)中也提出,坚持教育优先发展,促进教育公平,提高教育质量,深化教育改革,全面实施素质教育,建设现代国民教育体系和终身教育体系,保障人民享有接受良好教育的机会。

此外,《决定》还特别强调了"保证财政性教育经费增长幅度明显高于财政经常性收入增长幅度,逐步使财政性教育经费占国内生产总值的比例达到4%"问题,这些问题表明国家要加大学校教育投入的决心。虽然《决定》中未具体涉及中小学艺术教育,但是,中小学艺术教育作为学校教育的组成部分和教育事业的一部分,教育的发展也必将为中小学艺术教育的发展提供契机。党的十六大提出的"科学发展观"的核心"以人为本",这一理念在教育事业中的确立,能够对未来的教育发展起到积极的推动作用。

为了推动艺术教育事业的前进步伐,我国教育部对音乐、美术等艺术类课程的标准作出了文件上的规范。这些标准在真正意义上促进了生活与艺术教育的融合,体现了以"以人为本"的核心,更为实现学生素质涵养和艺术水平的提升创造了有利条件,使他们在一个良好的环境中感受艺术的魅力,学习艺术的精髓,指明了中小学艺术教育未来的发展方向。我国教育部还制定并颁发了指导性文件,文件中突出强调了幼儿教育的重要地位和作用。另外,还要求全国范围内的中小学在开展艺术教育工作时,要"因地制宜、因人而异",发挥好艺术教育对学生未来发展的基础性作用。步入21世纪,改革开放工作不断深入,教育改革工作刻不容缓,在此期间,艺术教育在我国的教育工作中的重要性也越来越为人们所关注。

在此趋势下,为促进艺术教育工作跟上时代发展的步伐,2008年颁布了《教育部关于进一步加强中小学艺术教育的意见》(教体艺〔2008〕8号),指出优秀的影视作品对中小学生身心健康发展的促进作用,还强调了在21世纪背景下,社会主义核心价值观对于中小学生素质教育的重要作用,并以此作为丰富中小学育人的举措,从而落实立德树人的根本任务,并提出积极部署,力争用三至五年的时间,在全国中小学普及影视教育,使影视教育工作实现常态化运行，同时在影片观看的时间和资源上要做到有所保障，形成中小学影视教育的浓厚氛围。除了影视教育，戏剧和戏曲等艺术形式也亟待进入中小学审美课堂当中，从而进一步推动中小学艺术教育事业的全面发展。

在改革转型的新阶段，我国对于中小学艺术教育所实施的相关政策具有人本与未来的特征，主要体现在：首先，中小学艺术教育地位逐渐提升。为了培养中小学生的审美能力和创造力，教育部秉持"以人为本"的教育理念，深入推进素质教育的实施，制定并颁布相关政策，在这些中小学艺术教育发展的政策内容中，对于艺术教育的地位及其重要性进行了突出强调。教育部指出，美育在整个教育事业中有着不言而喻的重要作用，为了充分发挥美育的作用，必须借助艺术教育这一重要途径。如此一来，艺术教育的地位得到很大提升。其次，艺术教育水平提升渠道增多。我国中小学艺术教育政策正在多渠道地探索艺术教育水平提升途径。当前，我国在提升艺术教育水平的问题上进行了经验性的总结，针对教学计划、课程内容以及教学环境等方面提出了有效建议，从而进一步实现艺术教育水平的全方位提升。艺术教育水平提升的可行途径不断增多，从某种意义上，也为艺术教育工作的开展和进步提供了一个良好的实践环境。最后，完善制度保障。艺术教育工作的有序进行离不开国家制度的保障作用，为了使我国的艺术教育水平能够在新世纪上升一个新台阶，国家相关部门必须在学校的教育资源、师资水平、基础设施等方面制定科学合理的标准，加强政府和学校的有效沟通，使国家政策能够更好地服务于人民的需求，为孩子的未来发展和国内艺术教育水平的提升奠定坚实的基础。

（二）艺术教育国家政策变化特点

艺术教育政策的成长史中，越来越多的法律法规出现在公众眼前，其中也不乏大量过渡性用于顺应时代变化的政策。改革开放初期，我国中小学艺术教育政策演进呈现出大刀阔斧式调整的规律，改革开放后，我国在坚持大政方针不变的原则下，变革艺术教育政策以当时的时代环境为前提，考虑人民需求与社会意向，在不与基本法相冲突的原则内展开合理的订正。整体上看，我国艺术教育政策修订遵循一步一个脚印的原则，这不仅遵循了我国教育政策的规律，而且确保了艺术教育政策的稳步发展。通常而言，艺术教育政策在发展历程中一般只进行微调，较少进行大幅度的修订，这样能够保证政策稳定，有利于抓住并有效地解决政策存在的问题，从而实现政策的长远发展效应。

1. 由应试教育为主向素质教育为重转变

改革开放之前，我国的整个教育事业秩序比较混乱，教育思想观念较为落后。改革开放后，随着经济的快速发展和国内外良好的社会环境，国家深入推进教育体制改革，教育事业繁荣发展，我国艺术教育迎来了发展的机遇。艺术教育是基础教育中的一部分，也是素质教育的重要组成部分。艺术教育能培养我们发现美、创造美的能力，还能让我们领悟到富有哲理性的人生真谛。艺术来源于生活，丰富人们的生活，滋润人们的心灵。不管是北京故宫建筑群还是秦始皇陵兵马俑，抑或激荡人心的《命运交响曲》，这些令人震撼的艺术作品，无一不激发人们情感的共鸣。因此，艺术教育是实施素质教育的重要途径，更是学校素质教育中的重要组成部分。

由于社会对人才的整体素质要求越来越高，为了适应社会对人才的需求，需要对中小学阶段的教育模式进行改革，转变落后的教育思想观念，与时代的步伐保持一致。最初的中小学教育模式，重点突出教师的中心地位，忽视了教育需要面向全体学生，学生的天性和潜能被忽视，并没有做到以学生为中心。在此阶段，包括艺术教育的传统中小学教育体制没有重视中小学生个性的培养。教育机制的落后，必然会使中小学艺术教育事业的发展举步维艰，只有转变教育理念，改革教育机制，才能实现教育事业的稳步推进。"应试教育"是一种以书本知识为中心，崇尚分数至上的教育模式，而"素质教育"恰恰就是针对这种教育模式的创新和改革，它否定了"以书本知识为中心，分数至上"的老旧观念。改革开放后，党中央认为"应试教育"存在诸多弊端，并开始对"素质教育"进行探究。近年来，从国内发布的对教育方面一系列改革文件来看，目前，素质教育已经成为改革的目标。国家下发的相关文件中指出，提升全民素质才是教育体制改革的重要目标。也有相关文件指出，中小学的教育模式要从"应试化教育"逐渐变成"素质化教育"，让素质教育成为提高全民素质的重要法宝，并面向全体学生，从整体上提高学生思想、文化、劳动、心理等方面的素质，让学生的各方面素质得到全面提升，并将这种教育模式办出特色，办得新颖。国家的相关会议文件中明确提出，我国的教育模式务必从传统的教育模式逐渐走向符合社会发展要求的"素质教育"模式，在全国广泛推广这种教育方法。1998年12月，国家颁布的《面向21世纪教育振兴行动计划》，着重提出了一个和教育改革相关的计划。该计划指出，素质教育的改革是跨世纪的，我们要提高全国人民的素质，中小学阶段教育改革的重点也是教育改革的初步阶段。在国家出台的有关文件中，对于"素质教育"这种教育模式的推进有着明确的规定，要全面贯彻党的教育方针，提高全国人民的总体素质。要将"素质教育"贯穿于中小学教育全过程中，就必须遵循党的指导思想，必须注重学校、家庭、社会等方面的教育，要让学生在德、智、体、美、劳方面得到全面发展，提升自身综合素质。"素质教育"模式，主要改变了传统教育的片面性和单一性，注重人的全面发展，能够全面提高学生的整体素质。教育体制上的重大转变，也在我国的教育改革中得到充分体现。改革开放以来，我国中小学艺术教育政策演进是由以"应试教育"为主向"素质教育"为重转变的，这一焦点的转变也说明了我国教育体制在积极改革创新的同时，更加注重培养学生的综合素质。

2. 制定主体上：由单一主体向多元主体转变

政策制定主体是指直接或间接参与政策的制定的相关机构或组织。中小学艺术教育的发展需要良好的制度保障，而中小学艺术教育政策的良好运行，需要机构或组织的制定、颁布与实施。从某种意义而言，政策的制定主体关系到国家对中小学艺术教育的重视程度，同时，也在中小学艺术教育政策的制定和运行方面起到了关键作用。改革开放之前，我国中小学艺术教育政策的制定主体主要有：中共中央、国务院、教育部、文化部（现为文化和旅游部，后不再注明），但根据发布的政策数量来看，改革开放之前，我国中小学艺术教育政策的制定主体主要是中共中央、国务院和教育部，制定主体比较单一。改革开放之后，我国中小学艺术教育政策的制定主体由单一主体向多元主体转变。我国中小学艺术教育政策的制定主体有中共中央、国务院、教育部、文化部以及其他部门，虽然在政策的主要制定主体上变化不大，但是，1986年原国家教委成立了艺术教育处，艺术教育处是我国成立的首个专门负责主管艺术教育工作的机构，同时，它也改写了我国音乐教育没有专门管理机构、没有专人负责的历史。此外，还成立了艺术教育委员会，这是一个专门负责艺术教育咨询的机构，它在学校艺术教育教学改革、教育方针、政策以及发展规划等重要方面的问题上直接向原国家教育委员会提供咨询。其根本目的是加强对艺术教育的管理，让艺术教育发展更加完善，也使学校艺术教育更加规范化。1993年，原国家教育委员会还对相关部门进行了调整，比如将基础教育司、艺术卫生司进行合并。这些举措，使艺术教育的管理工作更加规范、科学，扭转了改革开放前教育管理秩序混乱的局面，也表明我国更加重视艺术教育的发展。

二、师德师风教育

师德，就是教师应该具备的职业道德，这是教师在日常的教育教学活动中所形成的，具有相对稳定的状态。它在潜移默化中影响教师与他人、集体以及社会的互动。师风则是指教师的教学和学术作风，是教师的道德素养、文化素养以及人格素养的集中反映。3~10岁儿童正处于各种良好习惯养成的重要时刻，教师的一言一行，处处都影响着孩子的成长。教师在教学活动中必须给孩子正向的人格示范，给孩子最真挚的爱心、最细心的帮助、最耐心的教导，孩子才会在每天的生活中进步、成长。

　　教育的发展离不开教师的贡献，教师的素质影响教师的成长。在当今教育大发展的重要时期，加强师风师德建设具有重大意义，它关系到教育事业的发展成效、人才培养的质量高低以及国家民族的前途命运，正所谓"师德兴则教育兴，教育兴则民族兴"。师德师风建设是教师队伍建设的重要组成部分，其对于推动我国素质教育的发展，促进科教兴国战略的有效实施都有着显著的影响。因此，学校和教师都应该认识到师德师风建设的意义，认真学习贯彻党和国家颁布的关于师德师风建设的政策文件，严格遵守职业道德，树立优良的校风、教风和学风。教师师德师风建设是师资队伍建设的重点，是做好教育教学工作，培养高素质人才的先决条件。对于教师个人来说，加强师德师风建设就是提高教师的道德素养，有利于教师的个人成长；对于学生来说，加强师德师风建设有利于学生精神思想的健康发展，关乎我国的人才培养质量；对于高校发展来说，加强师德师风建设有利于营造良好的校风学风，从长远来看，这有利于高校的生存发展；对于历史和社会来说，加强师德师风建设，有利于实现我国的教育目标，提高我国的综合国力和国际竞争力。综合各方面的因素来说，师德师风建设是构建社会主义和谐社会的关键步骤。因此，我们要做好广大教师的师德师风教育工作，提高教师的综合素质。

　　改革开放以来，我国的教育事业发展取得了长足进步。师德师风建设作为其中重要的一环也受到广泛关注。习近平总书记也多次在会议中强调师德师风建设对于学生、教师的个人成长，对高校和社会的发展至关重要。尤其是在当今高等教育事业大发展的关键时期，师风师德建设直接关系到我国高等教育事业的发展成败、高水平人才培养的成效以及中华民族伟大复兴的前途与命运，党和国家也高度重视师德师风建设，相继颁布了一系列政策法规加以治理。

党的十八大以来，以习近平同志为核心的党中央，立足于实现中华民族伟大复兴的战略全局高度，充分认识到加强教师队伍建设对于发挥人才优势、依托教育制胜的基础性作用，特别强调要加强师德师风建设，培养党和人民满意的好老师。党和政府密集出台了一系列指导加强师德师风建设的政策文件。新时代教师队伍要想深化素质建设，就要将提升自身的职业道德素养作为第一要务，并自觉地贯彻到教学活动和日常生活之中，实现全方位师德养成。

习近平总书记强调，要把立德树人的成效作为检验学校一切工作的根本标准。让每名学生树立正确的修身之道、为人之道、行事之道。"打铁还需自身硬"。教师想要践履好立德树人重任，自己就要先"立德"，厚植职业道德素养。为此，教师应当积淀深厚的知识修养和文化品位，不断提升自我修养，在课堂教学中涵养崇高职业理想和高尚道德情操。教师还应当以成为学生道德修养的镜子作为自身成长目标和职业追求。

长期以来，我国教师队伍素质经受住了时代和实践的双重检验，师德师风总体样貌呈现向好态势。广大教师自觉践履担当立德树人使命，执着于教书育人事业，涌现出一大批可敬可学的先进师德典型。新时代教师逐渐在社会中树立起真善美的职业形象，赢得了广泛赞誉。

(一) 师德师风建设发展过程

当前，师德师风的问题得到了社会的广泛关注，根据国家教育事业发展的阶段性特征以及关键政策的颁布时间，可将师德师风政策的演变过程分为三个阶段：第一阶段为改革发展时期（1985—1998 年），第二阶段为改革深化时期（1999—2010 年），第三阶段为内涵式发展时期（2011 年至今）。这个分段有利于全面厘清三个阶段师德师风政策的制定背景，深入剖析我国师德师风政策发展的阶段性特征。

1. 第一阶段：改革发展时期（1985—1998 年）

1985 年 5 月，改革开放以来的第一次全国性的教育工作会议在京召开，会议颁布了《中共中央关于教育体制改革的决定》，以此为起点，中国教育事业走上了全面改革的历史征程。该决定明确指出，"要在全社会范围内，大力树立和发扬尊重各级各类教师的良好风尚，使教师工作成为最受人尊重的职业之一"。这为教师管理制度的进一步改革指明了方向。

1993 年 2 月 13 日，中共中央、国务院印发了《中国教育改革和发展纲要》，在教师队伍建设方面，提出教师是发展教育的重要力量。与 1985 年颁布的《中共中央关于教育体制改革的决定》相同，《纲要》重申要采取重大举措来改善教师的工作生活条件，提高教师的社会地位。对于优秀教师和教育工作者，《纲要》则规定"要进行精神物质的奖励，对有突出贡献的教师要给予特殊津贴或奖励"，同时，《纲要》也对教师提出了新的更高的要求，教师作为培养人才的职业，要努力提高自己的思想道德素质和业务能力，不断提高自己的教学质量，做到为人师表。这一内容强调思想政治素质和业务水平是师德师风的重中之重。

2. 第二阶段：改革深化时期（1999—2010 年）

进入 21 世纪，高新技术发展水平成为国家的核心竞争力，这离不开教育的推动，因此教育成为影响核心竞争力的重要因素。2005 年，《教育部关于进一步加强和改进师德建设的意见》颁布，文件重申师德建设的重要性，同时强调在市场经济条件下，师德建设面临前所未有的问题和挑战。对于教师道德水平改进的重要性以及紧迫性，文件也给出了师德建设的主要任务，首先，要提高教师的思想政治素质，其次，还要树立正确的教师职业理想，这在此前的所有政策文本中从未出现，这表明国家政策制定者开始意识到教师职业理想对师德建设有着至关重要的作用。最后，对考核管理进行了更加严格的规定，提出在今后的学校办学质量考核和水平评估中，师德建设会成为一个重要的考查因素，这也充分显示师德建设将不仅仅关乎教师的自身命运，也将是对学校进行考核的一个重要指标。这是一个全面论述师德师风的文件，而且针对师德建设中出现的问题都进行了具体的说明，针对师德建设也给出了具体方案，对我国的师德师风建设具有重要意义。

2010年，我国的教育改革进入了一个新的阶段，针对新形势和新问题，教育部颁布了《国家中长期教育改革和发展规划纲要（2010—2020年）》，这是我国自改革开放以来颁布的第二个关于教育改革的纲领性文件。文件指出要"加强教师队伍建设，提高教师整体素质"，再次强调教师的地位、权益以及待遇要得到充分的提高和保障，使教师这一职业受到更多人的尊重。在师德建设方面，《国家中长期教育改革和发展规划纲要（2010—2020年）》也给出了具体要求，要加强对教师的职业理想和职业道德教育，提高教师的责任感和使命感，淡泊名利，做学生成长路上的指导者和引路人，还要加强对师德的考核，对学术不端的行为进行查处。与《教育部关于进一步加强和改进师德建设的意见》相同的是，对加强教师的职业理想进行了再次强调，与之前所有文件不同的是，对教师自身品德方面也有了具体要求，要"淡泊名利，自尊自律"，同时对教师角色也进行了重新定位，"做学生健康成长的指导者和引路人"；在考核聘任方面，将师德表现放在首位，将师德与教师的切身利益联系在一起，表明国家对师德越来越重视。此外，"严格教师资质，提升教师素质，努力造就一支师德高尚、业务精湛、结构合理、充满活力的高素质专业化教师队伍"，这是首次对教师队伍今后建设方向的明确规定。对比1993年的《中国教育改革和发展纲要》，《国家中长期教育改革和发展规划纲要（2010—2020年）》还首次在规划中列出造就专业化的教师队伍这一要求，这意味着教师的专业化在国家政策层面得到了肯定。

3. 第三阶段：内涵式发展时期（2011年至今）

2011年，《全国教育人才发展中长期规划（2010—2020年）》（教人

〔2011〕1号）在第四部分的"体制机制改革和政策创新"中指出，加强师德建设，把教师职业理想、职业道德以及学术规范教育贯穿到教师培养培训的全过程。健全师德考评制度，将师德表现作为教师考核、聘任（聘用）和评价的首要内容，加强学风、教风建设，严格执行学术道德规范，查处学术不端行为。完善教育、制度、监督相结合的惩罚学术不端行为工作体系，形成良好的学术道德和学术风气，克服学术浮躁，查处学术不端行为，这和早前颁布的《国家中长期教育改革和发展规划纲要（2010—2020年）》一脉相承。

2012年，《国务院关于加强教师队伍建设的意见》（国发〔2012〕41号）颁布，这是中华人民共和国成立以来，国务院下发的第一个专门论述师德建设的文件，明确了把促进学生健康成长作为教师工作的出发点和落脚点，以提高师德素养和业务能力为核心。文件还提出师德建设的总体目标，即到2020年，形成一支在师德、业务和结构方面都具有高水平的专业化教师队伍。建立师德建设长效机制和包括师德教育、师德宣传、加强师德监督与考核，以及对师德行为进行奖惩等众多方式相结合的工作机制。

2013年，中共中央办公厅印发《关于培育和践行社会主义核心价值观的意见》（中办发〔2013〕24号），再次提到要实施教师职业道德和教师作风建设工程，形成一套长期有效的师德师风建设机制，另外还特别要求要帮助教师树立职业荣誉感，增强其教书育人的责任感，规范个人行为，为学生树立道德榜样，引导广大学生健康成长，把培育和践行社会主义核心价值观融入国民教育的全过程。

2017年，国务院印发《国家教育事业发展"十三五"规划》，确定了我国教育事业在"十三五"时期发展的指导思想、主要目标、战略任务和保障措施，这也是我国在教育改革发展方面的又一具有指导性和纲领性的文件。文件在加强教师队伍建设方面提出要加强师德师风建设，具体表现为："落实大中小学师德师风建设长效机制、加强教师思想政治工作、完善师德师风考评监督机制。"

2018年1月20日,《中共中央、国务院关于全面深化新时代教师队伍建设改革的意见》颁布,它对新时期的教师队伍建设提出了近期和远期两个阶段的奋斗目标。文件共分为六个部分,其中第二部分着重论述了全面加强师德师风建设的部署要求,文件指出,要加强教师党支部和党员队伍建设、提高思想政治素质以及弘扬高尚师德:"健全师德建设长效机制,推动师德建设常态化长效化,创新师德教育,完善师德规范,引导广大教师以德立身、以德立学、以德施教、以德育德,坚持教书与育人相统一、言传与身教相统一、潜心问道与关注社会相统一、学术自由与学术规范相统一,争做'四有'好教师,全心全意做学生锤炼品格、学习知识、创新思维、奉献祖国的引路人。"对教师的价值进行了全新的诠释,赋予了教师崇高的历史使命。

2019年2月,中共中央、国务院印发《中国教育现代化2035》,这是中国第一个以教育现代化为主题的中长期战略规划,从战略与全局的高度提出了新时代面向教育现代化、建设教育强国的重大部署。其中明确提出要建立业务水平高的、专业化强的、素质过硬的并且具有创新性的教师队伍,同时将教师的职业道德水平和作风作为评判教师素质的首要标准,进一步建立长期有效的、制度化的师德机制。

(二)新时代师德师风建设的重要意义

《中共中央、国务院关于全面深化新时代教师队伍建设改革的意见》指出,新时代要让一批又一批的骨干教师、卓越教师、教育家型教师不断涌现,要让教师职业成为让人羡慕的职业。要着力打造一支高素质专业化创新型教师队伍,这是贯彻党的教育方针、推进教育现代化和实现中华民族伟大复兴的必然要求,从而将教师职责、地位、作用的认识提高到了前所未有的新高度,深刻揭示了新时代加强教师队伍建设是贯彻党的教育方针的重要保障、是推动教育现代化的必然要求,是实现中华民族伟大复兴的现实条件，极大促进了全党全社会更加重视新时代的教师队伍建设，在全社会形成尊师重教的良好社会风气。

1. 师德师风建设是贯彻党的教育方针的重要保障

中国共产党历来重视教师队伍建设，党和国家的几代领导人都高度重视教育工作。《意见》中指出，把党的领导贯彻到教师工作各方面、各环节，教育引导广大教师牢固树立"四个意识"、坚定"四个自信"。当前教育领域出现的新情况、新挑战、新机遇要求我们始终坚持中国共产党的正确领导，引导广大教师以德立身、以德立学、以德施教、以德育德，进而确保中小学教师队伍建设的正确方向。新时代，贯彻落实素质教育，办好让人民满意的教育以及以实现立德树人为根本任务的党的教育方针也需要通过切实加强教师队伍建设来保障实施。在教育领域全面推进素质教育需要教师肩负起教书育人的职责和使命，在教学过程中传播先进的理念思想，自觉把社会主义核心价值观教育贯穿于教育教学的全过程，真正成为学生健康成长的指导者。办好让人民满意的教育，实现立德树人的根本任务，必须全面贯彻党的教育方针，大力振兴教师教育事业，把加强教师队伍的建设作为当前教育改革的重要抓手，优先满足保障谋划教师队伍建设的发展需要。

2. 师德师风建设是推动教育现代化的必然要求

当今社会科学技术日新月异，国与国之间的竞争也日趋激烈，世界各国越来越重视发展本国的教育事业，教育对于各国发展的决定性意义日益凸显。"人才资源是第一资源"已成为世界各国的普遍共识，加快培养一批高素质人才也日益成为一项紧迫而重要的时代任务。就我国当前所面临的国内外形势来看，人才资源的战略意义比任何时代都来得更为突出。培养人才的关键要依靠教育，而在整个教育体系中，教师是兴教强国的根本，师德师风建设更是直接关系着基础教育改革的成败和人才强国战略的实施。强国、强教、强师从来都是合而论之，师德师风建设在教育发展过程中始终扮演着重要角色，在新的时代背景下，在推进教育现代化的进程中，我们要始终谨记教师是教育发展的第一资源和根本保障，牢牢抓好师德师风建设这一基础性工作，用一批优秀的教师去培养更大一批社会主义新人，为推进教育现代化释放强劲动力，使教育改革发展焕发新的生机与活力，加快我国建设教育强国的整体进程。

3. 师德师风建设是实现中华民族伟大复兴的现实条件

国家繁荣、民族振兴，离不开教育的不断向前发展。实现中华民族伟大复兴中国梦的奠基工程是教育，建设教育强国的重要基础是教师。新时代着力建设一支高素质的中小学教师队伍是实现中华民族伟大复兴的现实条件。同时，加强师德师风建设，优先发展教育事业，这也是由我国的现实国情决定的。改革开放以来，久经磨难的中国实现了从站起来到富起来再到强起来的伟大飞跃，但中华民族伟大复兴绝不是轻轻松松就能实现的，需要一代又一代青少年为之不懈努力，接力奋斗。青少年的素质和本领直接影响着实现中国梦的进程，实现中华民族伟大复兴必须依靠教师不断引导青少年树立正确的理想信念，在不懈奋斗中书写人生华章，筑就中华民族伟大复兴的中国梦。由此可见，教师在青少年的成长发展过程中起着举足轻重的作用，在新时代全面加强中小学师德师风建设是国家今后优先教育事业发展的重要战略任务，努力培养造就一支高素质的中小学教师队伍，让一代又一代的青少年在教师的正确培育引导下，成长为助力中华民族伟大复兴的中坚力量。

(三) 师德师风建设的具体措施

优先发展教育事业，打造一支高素质的教师队伍，要从加强教师思想作风建设，着力提高教师的培养质量，以及不断创新教师管理体制机制三个方面入手。

1. 加强教师思想作风建设

"教师的职业特性决定了教师必须是道德高尚的人群","老师是学生道德修养的镜子"[1]。广大教师自律要严,要课上课下一致、网上网下一致,自觉弘扬主旋律,积极传递正能量。由于教师职业的特殊性,教师普遍被视为社会理想人格的化身,同时对教师职业道德的要求也普遍高于社会的各行各业。其中,美国社会学家利伯曼认为,除了具备专业理论知识、提供社会服务、具有自主权、经过组织化与程序化过程,还包括"对从事该项活动有典型的伦理规范"[2]。教师作为师德规范要求的主体,教师的道德修养水平直接影响学生的健康成长和全面发展,为此应把教师的师德师风建设放在首位,为教师队伍建设营造良好环境。首先,以制度创新为重要保障,从严格教师的遴选制度、建立科学的评价机制和师德师风长效管理机制、教师的师德师风的奖惩机制等方面着手。只有依托一定具体化、可操作的遴选、评价以及奖惩制度,严格约束规范教师的日常行为,才能着力提高教师师德培养的科学性和有效性,努力打造一支符合新时代要求的教师队伍。其次,开展师德师风教育培训。学校积极开展师德师风教育培训为教师加强思想道德修养提供了契机,如学校可以定期开展教师岗位培训、开展师德高尚教师的先进事迹学习宣传教育活动,以及积极提供教师开展道德实践教育的平台等。最后,教师要努力提升道德修养。如教师可以自觉将社会主义核心价值观融入教育教学的实践中,春风化雨、滋润学生心田,引导学生作出正确的价值判断和价值选择。此外,教师要守住职业道德底线,淡化功利主义意识,忠诚于教书育人事业,增强辨别能力,树立正确的得失观,守住道德底线,抵制错误思想的侵蚀,自觉遵

---

[1] 习近平. 做党和人民满意的好老师——同北京师范大学师生代表座谈时的讲话 [N]. 人民日报,2014-09-10 (1).

[2] HANNAN A, ANDERSON L. International Encycloped of Teachingand Teacher Education [M]. NewYork:Bergamo, 1995:6.

守师德规范，实现从被动遵循向主动内化的转变。

2. 着力提高教师培养质量

"老师要始终处于学习状态，站在知识发展前沿，刻苦钻研、严谨笃学，不断充实、拓展、提高自己。""在信息时代做好老师，自己所知道的必须大大超过要教给学生的范围，不仅要有胜任教学的专业知识，还要有广博的通用知识和宽阔的胸怀视野。"❶ 当今社会，各种先进的教育思想不断涌现，教育理念不断更新，教育方法不断完善，打造一支高素质的教师队伍，第一，需要立足于广大教师的实际需求，优化更新教师队伍的培训内容，为教育教学提供源源不断的智力支持。不仅要加强对教师教育理念、教学内容等方面的教育培训，同时在教学方法上也应主张教师力求突破传统教育灌输式的教学方法，创造性地运用启发式的教学方法，让学生亲身体验知识生成、构建和运用的过程。此外，还要重点培育教师的自我提升意识和自学能力。思想是行动的先导，如果教师缺乏自我提升的意识，就不会在日常生活中主动进取，涵养丰富的学识修养。如果教师缺乏一定的自学能力，就不能在知识信息快速发展的现代社会汲取对自身成长发展有益的知识信息，及时补充教学素材，扩展知识储备、优化知识结构。第二，不断创新教师队伍培训方式。一方面要加强对新入职教师的职前培训，即通过对即将步入教师岗位的教师进行职业观教育以及教师职业生涯的统筹规划教育，实施教师的集中培训与"青蓝帮扶工程"相结合的新入职教师培训模式，切实提高教师的培养培训质量。另一方面要实现信息技术与教师培训的有机融合，加强在职教师培训信息化管理。随着互联网的兴起，为了更好地满足教师专业化的成长发展需要，不仅要在线下积极推进教学名师讲座学习的常态化，同时也要在线上启动教师教育培训的

---

❶ 习近平. 做党和人民满意的好老师——同北京师范大学师生代表座谈时的讲话［N］. 人民日报，2014-09-10（1）.

开放课程计划，最大限度地实现优质教育资源库的共建共享。同时也要充分发挥利用教学名师、特级教师以及高级技师人才在教师培养培训过程中的重要作用。在新时代，不断创新教师队伍的培训方式，切实优化教师培训内容，也是不断提高教师队伍建设质量的着力之处。

3. 不断创新教师管理体制机制

创新教师队伍的管理体制机制，意味着我们要从根本上改变制约教师队伍发展的体制机制障碍，帮助教师"减负"，不断提升教师的职业幸福感和成就感，让教师成为社会上令人尊重、羡慕的职业，让社会各界的智力资源竞相迸发，从而打造一支高素质的教师队伍。为了更好满足教育现代化的发展需求，在对教师的管理上，首先要制定实施科学合理的考核评价体系。其次要理顺教育教学管理工作的运行机制。教师队伍中的每个教师，都处在管理他人、被管理以及进行有效自我管理的基本状态，应引导教师进行自我管理、自我约束、自我完善。最后要为教师队伍的科学管理设置经费保障机制。在教师队伍的科学管理和建设中，必须要有专项经费来保障教师各项管理工作的有序进行和各项管理活动的顺利开展，为探索创新教师队伍管理体制机制提供坚实的物质基础，不断激发中小学教师的工作活力。

教育兴，则国家兴。教育是关系国计民生的基础性事业，在社会主义现代化建设中具有重要地位。随着中国特色社会主义进入新时代，人们越来越关注教育水平的提高，办好让人民满意的教育已成为教育事业改革与发展的主要目标。任何时期教育事业的发展都离不开一支强有力的教师队伍的推动。因此加强教师队伍建设，整体上提升教学质量和水平，是为全面建成社会主义现代化强国培养和输送合格、优秀建设者和接班人的基础性工程，对我国的长足发展具有深远影响。

站在新的历史起点上，人们对教育的发展提出了更高的要求，新时代的教师队伍在建设过程中也面临着许多新情况和新挑战，需要我们积极勇敢面对并积极推动我国教育事业的向前发展。深入整合近年来有关师德师风的重要论述，对比分析新时代加强教师队伍建设的新要求和重大意义，结合当前教师队伍建设过程中存在的具体问题，从而充分发挥其对教师队伍建设的指导作用，加快建设高素质教师队伍的整体步伐。

第二章　教学教法概述

一、课程概述

研究表明，课程不仅仅包括编写教科书。课程（curriculum）作为教育这个系统中的"软件"，是最重要、最繁难的教育问题之一。课程的重要性在于：良好的课程是学校教育达成育人目标的关键；课程的繁难在于：学校中的每个人都是独特、复杂而多样的，因此，如何设计、开发并实施真正满足每个人发展需要的课程就显得极为复杂。

在我国，据考证，"课程"一词最早大约出现在南北朝时期翻译的佛经中。❶姚秦三藏法师鸠摩罗什译《众经撰杂譬喻》卷上："昔无数世时，有一佛图，中有沙门数千余人止住其中，遣诸沙弥数百人行分卫供给众僧，日输米一斛，师便兼课一偈。"这里的"课"是教的意思。北魏凉州沙门慧觉翻译的《贤愚经·阿难总持品第三十八》中说："尔时有一比丘，畜一沙弥，恒以严软，教令诵经，日日课程。"这里的"课程"的含义由"课""程"两字含义合成而得，是一个动宾词组。"课"是检查、考核的意思，"程"是规定的期限和进度。

---

❶ 于慧芳. 课堂教学中历史教师课程意识的现状与展望［D］. 西安：陕西师范大学，2011.

"日日课程"即天天考核诵经的进度。到了唐代，孔颖达在《五经正义》里为《诗经·小雅·巧言》中"奕奕寝庙，君子作之"一句注疏："以教护课程，必君子监之，乃依法制。"《诗经》里的"奕奕寝庙，君子作之"可以直解为好大的殿堂，由君子主持建成，"奕奕"形容"宏伟"状，"寝庙"指殿堂、庙宇，喻伟大的事业；"君子"指有德者。全句的喻义为："伟大的事业，乃有德者维持。"孔颖达用"课程"一词指"寝庙"及其喻义"伟业"，其含义必然十分宽泛，远远超出了学校教育的范围。宋代朱熹在《朱子全书·论学》中频频提及"课程"，如"宽着期限，紧着课程""小立课程，大作功夫"等。朱熹的"课程"主要指"功课及其进程"，或"学习的范围、时限、进程"，或"教学与研究的专门领域"，这与今天日常语言中"课程"的意义已极为相近。

在西方，课程一词相当于英语的 curriculum，俄语的 Kypc，德语的 Lehrplan。从西方教育史来看，英格兰人早在 1820 年就开始使用 curriculum 一词。此后，英国著名哲学家、教育家斯宾塞（H. Spencer）在 1859 年发表的一篇著名文章《什么知识最有价值》（*What Knowledge is of Most Worth*）中解释了"curriculum"（课程）一词，意指"教学内容的系统组织"。该词源于拉丁语"currere"。"currere"是一个动词，意为"奔跑"。"curriculum"则是名词，原意为"跑道"（race-course）。根据这个词源，西方最常见的课程概念是"学习的进程"（course of study），简称"学程"。由于斯宾塞界定"curriculum"一词的原意是静态的跑道，它在教育中过多强调了课程作为静态的、外在于学习者的"组织起来的教育内容"的层面，相对地忽略了学习者与教育者的动态的经验和体验的层面，因此，在当代的课程理论文献中，许多课程学者对"curriculum"的词源"currere"表现出了浓厚兴趣，因为"currere"原意指"跑的过程与经历"，它可以把课程的含义表征为学生与教师在教育过程中的活生生的经验和体验。与"curriculum"相比，"currere"是"过程课程"。

较早地系统梳理课程概念的是赛勒（J. G. Saylor）、亚历山大（W. M.

Alexander）与雷威斯（A. J. Lewis），他们在剖析过去与现在的课程概念之后，综合提出四种课程概念：学科与教材（subjects & subject matter）、经验（experiences）、目标（objectives）、有计划的学习机会（planned opportunities for learning）。[1] 此外，斯腾豪斯（L. Stenhouse）还提出课程即研究假设。据此，可把多种多样的课程概念大致归为如下五类。

（一）课程即学科

这种观点认为，课程可以是一门、多门或所有学科。持该观点的代表学者是菲尼克斯（P. H. Phenix），他认为"课程应完全包含学科的知识"。《中国大百科全书·教育》对课程所下的定义是：课程是指所有学科（教学科目）的总和，或学生在教师指导下各种活动的总和，这通常被称为广义的课程；狭义的课程则是指一门学科或一类活动。将"课程"视为学科，通常是教师、学生、家长及社会大众最熟悉的一种课程概念，也是最传统、最普遍的课程概念方式之一。学科通常是指学校教学的内容，也是学校教育人员与一般社会大众的"知觉课程"（perceived curriculum）。

这种课程概念的意义在于，将学科之间作出严格的区分，比如语文、数学、英语等，既便于学校设计和安排课程表，又便于课程管理；课程设计人员可以选取每一学科的精华作为教学内容，最好的教学内容与最重要的学科观念又取自文化遗产。其局限性在于，把课程内容与教学过程割裂并片面强调内容，还把课程内容局限于源自文化遗产的学科知识；忽略学生在学习活动中的主动性，易使学生被动接受学科知识；最大缺陷是把课程视为外在于学生的静态内容，对学生的经验重视不够，忽视学生的个体差异。

---

[1] SAYLOR J G, ALEXANDER W M, LEWIS A J. Curriculum Planning for Better Teaching and Learning（4th ed.）[M]. NewYork：Holt, Rinehart and Winston, 1981.

(二) 课程即经验

这种观点倾向于把课程视为学习经验或体验,"是学习者、学习内容与教学环境之间的交互作用,以及交互作用之后所产生的经验历程与实际结果,即'课程'是指学生从实际学校生活中所获得的学习经验"[1]。杜威是"课程即经验"的倡导者。之后,将课程理解为现象学文本、自传文本的学者力主"课程即经验"的观点,这里的经验主要指个体的存在经验。

这种课程概念的突出特点是把学生的直接经验置于课程的中心位置,从而消除了课程中"见物不见人"的倾向;强调学习者的个体差异,尊重学习者个人的主体性;消解了内容与过程、目标与手段的二元对立。不过,这种观点也存在多种争议,这些争议主要聚焦在对经验的区分上,如学校内外的经验、与教学目标相关与否的经验、已实现的和潜在的经验等。

(三) 课程即目标

这种观点认为,课程是一连串预定的且有组织的目标,这些目标包括各个层级的目标,涵盖教育目的、宗旨、一般目标、具体目标、行为目标或表现目标,等等。持这种观点的学者,往往将课堂视为工厂中的生产流水线,目标的拟定必须具体、明确、清楚。课程领域的鼻祖博比特(F. Bobbitt)即倡导课程即目标,他认为:"人们从事(成人)事务所需的能力、态度、习惯、鉴赏力和知识形式将会显现出来成为课程目标。这些课程目标将是众多的、明确的、详尽的。因此课程是儿童及青年获得这些目标所必须具有的一系列经验。"[2]虽然博比特的观点中谈到了儿童的经验,不过,博比特真正关心的是如何选择和组织那些经验的目标,而非儿童的经验本身。博比特之后,泰勒(R. Tyler)也持这种观点,他主张用行

---

[1] 黄光雄,蔡清田. 课程设计:理论与实际 [M]. 南京:南京师范大学出版社,2005:7.
[2] BOBBITT F. The Curriculum [M]. New York:Amo Press & The New York Times,1918:42.

为及内容的双向分析表来协助课程设计人员撰写具体的课程目标，依据课程目标选择课程内容，以社会需求为主，兼顾学生兴趣与能力。

这种课程概念具有统一教育目标、容易进行课程评价的优点；重视课程目标的明确性与可观察性，采取可观察或可测量形式的课程评价，指出学生学习的终点，以引导教学活动的进行。其局限性在于，将课程视为教学过程之前或教育情境之外的东西，将课程目标、计划与课程过程、手段割裂开来并片面强调前者；此外，忽略了学习者的现实经验，还忽略了教师在课程设计与发展的过程中扮演的主动角色。

（四）课程即计划

课程即学科，提供了学生学习的核心知识；课程即经验，强调了学习者自身经验对于学习的重要性；课程即目标，强调了目标指引对学习的价值。不过，对于任何课程而言，实际上都应该是学科、经验、目标的融合。据此，赛勒等人在剖析上述课程概念的基础上提出："课程是为将接受教育者提供学习机会的一种计划。"[1] 具体到我国当前的课程改革而言，这里所指的学习机会，涵盖由国家课程、地方课程、校本课程等提供的一切机会。需要指出的是，该定义中的"计划"不是蓝图，而是一种意向，这种意向可以是书面的，也可以是存在于脑海中的。课程即计划体现在不同层次中，可以是全国性的、地方性的、学校性的或班级性的，这样，课程计划人员既可以是课程专家、学科专家、教育行政人员，也可以是学校行政人员或班级的任课教师、学生。

这种课程概念的价值在于，以整体呈现的方式提供学习者学习的机会，具有结构完整的优点；可以事先加以预设，便于作层级规划。其局限性在于，课程计划往往只重视正式的、理想的或文件上的内容，甚至是官方的命令与规定，偏向行为主义课程理论取向的观点，有时难免会忽略课

---

[1] SAYLOR J G, ALEXANDER W M, LEWIS A J. Curriculum Planning for Better Teaching and Learning (4th ed.) [M]. NewYork: Holt, Rinehart and Winston, 1981: 8.

程背后目标的合理性。

（五）课程即研究假设

在英国学者斯腾豪斯看来，上述种种概念尽管为理解课程概念提供了重要而丰富的视角，却忽视了教师在学校里实施课程的实际情境。考虑实际情境的课程应该是一套学习内容与教学方法的建议，以说明在怎样的逻辑前提下具有教育价值，在何种条件下可以在教室里进行实际教学。据此，斯腾豪斯认为，"课程即研究假设"（curriculum as hypothesis）[1]。"课程即研究假设"，意即课程是一种在教室情境中有待验证的研究假设，需要师生合作进行课程探究以获得理解。这种观点的基本假设是：外来的课程计划人员可以从教室情境之外提供课程法则，并要求教师遵循其课程指示，但无法完全保证学生能够进行有效学习。因为学生各不相同，而且教室情境也是有所差异的，因此，每位教师都必须根据个别教室情境中的实际经验，去接受、修正或拒绝任何普遍性的规则或原理。

这种课程概念的价值在于，课程随着时代的变迁与时俱进，更重视课程革新及学校教师的专业发展与教育自主性，并且将教学方法与课程实施加以有效的联结。其局限性在于，具有实验性质的课程与教学研究过程，容易造成教师莫名的压力与恐惧，甚至造成教师无所适从或孤立无助的教学困境；此外，学生是否真能对自己所扮演的实验研究角色有充分认知，仍有待深入探究。

经常有人质疑剖析多种课程概念的必要性，对此，杰克逊（W. Jackson）早在他于1992年主编的《课程研究手册》中就作过深刻的分析。杰克逊认为，面对繁多、庞杂的课程概念，我们能做的是提出有理的论证，说明我们为什么赞同某个定义，而非其他定义。[2] 据此，对每位教师而言，如

---

[1] STENHOUSE, L. An Introduction to Curriculum Research and Development [M]. London: Heinemann Educational Publishers, 1975: 161.

[2] JACKSON W. Handbook of Research on Curriculum [M]. New York: Macmillan, 1992: 5-11.

何在众多的定义中形成自己的合理的课程理解是关键。

以中小学教师为核心的课程实践者往往只关注课程实施操作层面的模式、方法、步骤等，却不愿从课程理论层面思考课程实践问题，换言之，只关注"怎么做"的问题，鲜有机会思考"为何做""做什么""有何用"等问题，其结果只能沦为课程的执行者和简单的复制者。课程历史早已揭示，假如中小学教师不能从课程理论层面思考课程实践问题，就很容易迷失课程实践的大方向。课程理论的主要功能是描述、解释、批判和指引课程实践。学者们一般从课程的来源和课程的基本取向出发，将课程理论划分为不同的类型。这里主要以分类的适切性为据，介绍格拉松（A. A. Glatthorn）的课程理论。他在剖析不同分类方式的基础上提出可以将课程理论分为结构取向、价值取向、内容取向、过程取向四种。❶

1. 结构取向的课程理论

结构取向的课程理论以描述和解释的方式，分析组成课程的基本要素、要素之间的相互关系以及课程决定的结构。该取向的课程理论可分为宏观和微观两个层次。

宏观层次试图发展整体的课程理论，以此揭示影响课程决定的关键因素，其代表人物是古德莱德（J. Goodlad）。古德莱德等人认为，宏观的课程理论包括四个相互独立又相互影响的层级，这四个层级是：（1）社会层级。该层级主要聚焦于课程探究与实践的因素，涉及国家或地方在政策上作出课程决定时的重大问题。在该层级，国家和地方的课程决定权往往大于课程专业人员的决定权。与该层级相关的主要人员是政治人物、特殊利益团体代表、各层级行政人员与专业人员，这些人员通过社会政治过程决定课程标准、学习领域、耗费时间及选用的教材等。（2）机构层级。该层级主要指学校层级的课程决策，即学校是如何通过与社会层级的课程决定

---

❶ 王文科. 课程与教学论［M］. 台北：五南图书出版公司，2004：126－152.

相互作用，决定学校的课程内容及其安排等问题的。该层级涉及的人员主要包括学校领导、教师、学生等，这些人员根据国家课程标准、地方特性、学校的办学理念、学生发展的需要等确定学校的课程计划和课程指南。（3）教学层级。该层级主要指与课堂层面的课程决定相关的因素，即教师是如何根据学校的课程决定安排教学计划和教学进度的，包括教师个人的课程理解、个性特征等。（4）个人层级。该层级主要指与学生个人层面的课程决定相关的因素，包括学生的家庭背景、已有经验、学习动机、抱负水平等，这些因素受教师的课程决定因素的启发而产生。

微观层次特别关注发生在机构和教学层级的课程现象，其代表人物是波斯纳（G. Posner）和斯特赖克（K. Strike）。他们提出了课程内容顺序安排的五种原理，即"与世界有关"的原理、"与概念有关"的原理、"与探究有关"的原理、"与学习有关"的原理、"与效用有关"的原理。

2. 价值取向的课程理论

价值取向的课程理论主要关注师生"教育意识的提升"，它以批判的方式分析课程工作者的价值观、基本假设等。该取向可进一步分为个人取向和社会政治环境取向。

个人取向的代表人物是麦克唐纳（J. B. MacDonald）。麦克唐纳主张：（1）个人是意义的主动创造者，而非知识的被动接受者；（2）教育目的是协助个人达成自主的发展及自我实现；（3）教育是一种道德的事业，其价值反映在各个阶段中；（4）教育工作者的责任在于将价值明确表达出来；（5）课程中价值的差异，源自三种基本的认知兴趣，即控制、一致和解放；（6）学校若重视价值及人文取向的环境，学生就能获得多种资源，采取多种方式处理环境信息，并积极地探寻意义；（7）学生以玩游戏、自我表达、智能、反思的方式，体验环境中的一切。

社会政治环境取向的代表人物是阿普尔（M. Apple）。阿普尔深受社会学家葛兰西（A. Gramsci）和威廉姆斯（R. Williams）等人的影响，他借用葛兰西的霸权概念来揭示意识形态对社会、教育与课程的统治机制。他指出，意识形态霸权有两个必要条件：（1）我们的经济秩序创造了渗透于我们日常生活的范畴和情感结构；（2）有一群知识分子采用并把这些范畴合法化，使这些意识形态形式看起来是中立的。换言之，这种霸权并非强制性的，而是常常以潜移默化的方式在"帮助"的愿望下渗透到我们的工作生活和大脑之中。他认为，霸权不是处于一个高屋建瓴的抽象水平上的意义堆积，而是意义和实践的有组织的集合体，是一个中心的、有效的、起支配作用的生活的意义、价值和行为系统。[1] 也就是说，学校课程对知识的选择和分配，实际上是社会中有权力者所作的意识形态的抉择，课程本质上是一种法定文化，是统治阶级实现其统治与控制的工具，弱势群体（如少数民族、女性、工人阶级等）在课程中找不到他们的文化与知识，也很少有发言权。

3. 内容取向的课程理论

该取向主要以规定性的方式描述影响课程内容的选择与组织的主要来源。按照课程内容选择和组织的来源不同，可以分为三种基本课程：儿童中心课程、知识中心课程和社会中心课程。

儿童中心课程主张儿童是课程的起点和决定者，认为课程的价值在于为发展成熟自主的个人而努力。儿童中心课程论者虽然认可正在成长中的儿童需要学习学科知识，但是他们认为学科知识只是学习内容之一。他们也认可社会环境对儿童发展的影响，不过他们认为社会需要并非最重要的，因为社会环境并非决定课程的最重要的因素，社会应该接纳并为成熟自主的个体（教师或受培训者）服务，这样才可能达到社会发展的最佳状态。

知识中心课程主张课程内容的选择和组织应由知识体系或学科决定。

---

[1] 迈克尔·W. 阿普尔. 意识形态与课程 [M]. 黄忠敬, 译. 上海：华东师范大学出版社，2001.

知识中心课程论者虽然认可儿童的经验和发展历程会影响课程的安排，但是他们更关心知识的本质或学科结构。他们也认可儿童是在社会中生活并成长的，不过，他们认为社会只是课程发展中的次要角色。一般而言，知识中心课程可以分为两类，即"学科结构"课程和"认知方式"课程。

社会中心课程主张社会秩序是选择和组织课程内容的决定因素。不过，对于学校是否应该维持既有的社会秩序，不同人有着迥异的观点。依据这些不同的观点，大致可以分为顺从者、改革者、未来者、激进者。顺从者（如博比特[1]）相信既有社会最完备、最美好，他们相信课程的主要任务就是协助学习者了解社会历史、珍视社会价值，并能在社会中履行自己的职责。改革者（如康茨[2]）认为既有的社会基本上是好的，不过在社会秩序方面应作出重要改革，他们认为，课程的任务在于让学生能够敏锐地感知新的社会议题，并赋予他们解决社会问题的智力工具。未来者（如谢恩[3]）不寻求与既有的社会问题保持一致，而是认为人有权利选择和建构自己的未来，因此强调学校应该教给学生创造美好未来的知识和能力，课程应能帮助学生自主决定自己的志向。激进者（如弗莱雷[4]）认为社会是有重大缺陷的，应允许年轻人从事激进的变革。在弗莱雷的代表作《被压迫者教育学》中，他指出教育目的是帮助学生实现意识觉醒，课程内容应呈现既有社会的主要问题，引导学生变革现有不平等的社会秩序。

4. 过程取向的课程理论

过程取向的课程理论主要关注课程开发的基本方式。该取向的代表人物是肖特[5]（H. G. Short）。肖特根据关于课程开发的文献，提出了课程开

---

[1] 郑国民，刘幸. 博比特以及他所开创的现代课程理论［J］. 课程·教材·教法，2016，36（8）：122－127.

[2] 潘岳林. 美国教育工作者培养质量提升委员会（AAQEP）研究［D］. 曲阜：曲阜师范大学，2022.

[3] 高爱平. 加拿大现当代教育史学发展研究［D］. 武汉：华中师范大学，2021.

[4] 保罗·弗莱雷. 被压迫者教育学［M］. 顾建新，等译. 上海：华东师范大学出版社，2001.

[5] 徐玉珍. 校本课程开发：概念解读［J］. 课程·教材·教法，2001（4）：12－17.

发策略，运用该策略开发课程时主要应考虑四种因素：课程开发的场所、参与者及其资格（关键因素）、拟运用该课程的场域概况和参与者的价值观与基本假设。由于他认为前三种因素是技术取向的，容易建立客观的标准，而最后一种因素是价值取向的，很难建立客观标准，于是，他用场所、参与者和适应程度设计了一个三向度的课程开发策略分析矩阵。上述因素中的每种因素又能进一步细分，如场所可以分为一般场所和特定场所，参与者可以分为学者支配的、课程专家支配的、环境专家支配的、平衡协调型的，适应程度可以分为指导实施、限制适应和开放适应。

二、课程设计的模式

（一）运用目标模式进行课程设计

目标模式又称"工学模式"（technological model），是以目标的分析与设定作为课程设计的依据和基础，围绕着课程目标的确定、实现、评价而展开的课程设计模式。目标模式的典范是泰勒模式，泰勒模式由"现代课程理论之父"泰勒提出。1949年，泰勒出版了课程领域的经典著作《课程与教学基本原理》。在此书中，他明确提出任何层面的课程设计都必须回答的四个基本问题：（1）学校应该试图达到什么教育目标？（2）提供什么教育经验最有可能实现这些目标？（3）怎样有效组织这些教育经验？（4）怎样确定这些目标正在得以实现？❶ 这四个基本问题可以概括为确定教育目标、选择学习经验、组织学习经验、评价，现概述如下。

1. 确定教育目标

泰勒认为，教育目标的确定是课程设计的基本逻辑起点。他指出：

---

❶ TYLER R. Basic Principles of Curriculum and Instruction[M]. Chicago：University of Chicago Press，1949：1.

"如果要设计一种教育计划并不断加以改进,那就有必要拥有关于所指向的目标的观念。针对这些教育目标,应怎样选择材料、规划内容、开发教学程序、编制测验的标准。教育计划的所有这些方面实际上是达成基本教育目标的手段。"[1] 确定教育目标,首先就是通过对学生的兴趣与需要、当代社会生活的特点和学科专家的建议等因素加以分析,获得初步的教育目标;其次以教育哲学和学习心理学作为"筛子",对这些初步形成的教育目标进行筛选;最后精确地表述教育目标(见图2-1)。泰勒根据行为主义心理学的基本思想,把教育目标划分为一一对应的行为方面和内容方面。行为方面指学校力图在学生身上培养的种种行为,包括知识的获得以及能力、态度、兴趣等的形成;内容方面指在学生身上形成所期望的行为所需要的事实。

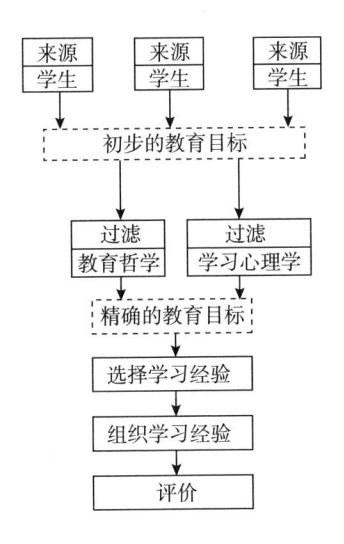

图2-1 泰勒模式

---

[1] TYLER R. Basic Principles of Curriculum and Instruction [M]. Chicago:University of Chicago Press,1949:3.

2. 选择学习经验

在泰勒的行文中,教育经验和学习经验(learning experience)是同义词。泰勒对学习经验的理解在一定程度上受到杜威的影响,他认为,学习经验是指学习者与外部环境之间主动的相互作用。如何选择学习经验?泰勒提出五条一般原则:(1)学习经验既能为学生提供机会去实践目标所隐含的行为,又能使学生有机会处理该目标所隐含的内容;(2)学习经验必须使学生在实践教育目标所隐含的行为的过程中获得满足;(3)学习经验中所期望的反应,应处在学生力所能及的范围内;(4)有许多特定的经验可以达到同样的教育目标;(5)同一种学习经验也可能产生数种结果。❶

3. 组织学习经验

泰勒认为,组织学习经验必须考虑两种不同的组织方式。一种是"纵向组织",指不同阶段(或时期)的学习经验之间的联系,如三年级科学课与四年级科学课所提供的学习经验之间的联系。另一种是"横向组织",指不同领域的学习教育之间的联系,如三年级科学课与三年级数学课所提供的学习经验之间的联系。如何把这两个维度有机地组合起来,形成一个完整的学习经验体系?为此,泰勒提出了组织学习经验的三个标准:(1)连续性(continuity),指直线式地组织学习经验;(2)序列性(sequence),指螺旋式地组织学习经验;(3)整合性(integration),指学习经验之间的横向联系,即一个领域与另一个领域或多个领域之间的有意义的联结。❷连续性和序列性是从"纵向"展开的,整合性是"横向"展开的。此外,泰勒还提出了组织学习经验的主要结构要素。

---

❶ TYLER R. Basic Principles of Curriculum and Instruction [M]. Chicago:University of Chicago Press, 1949:65-68.
❷ TYLER R. Basic Principles of Curriculum and Instruction [M]. Chicago:University of Chicago Press, 1949:84-85.

4. 评　　价

泰勒提出的评价概念体系，在当时是一大创新。在泰勒看来，所谓评价，本质上是确定课程与教学计划实际达成教育目标的程度。评价至少包含两方面的内涵：（1）评价必须评估学生的行为；（2）评价在任何时候都必须包括一种以上的评估。泰勒给出了具体的评价程序，其基本步骤为：（1）界定教育目标；（2）明确教育情境；（3）编制评价工具。

泰勒构建的评价体系的重要意义在于：当时学校流行的各种测验主要用以鉴别学生的才智，预测学生是否可能在各种课程的学习中取得更好的成绩，其目的是选拔适合教育的学生；而泰勒的评价则是指通过对学校实现教育目标程度的评价来诊断教学中存在的问题，改进其不足，为最佳地实现教育目标服务。评价的目的是要创设一个适合学生学习的教育环境。由于泰勒的评价旨在通过评价教育目标的实现程度，揭示教学中存在的问题，为改进教学服务，因而，这样的评价自然就牵涉教育目标的确定、学习经验的选择和组织等问题。因此，在泰勒模式中，评价成了学校课程编制过程中不可缺少的一环，并且贯穿课程编制的始终。

总体而言，目标模式具有合乎逻辑性，合乎科学精神，合乎政治、经济、教育的要求等特点。当学生学习的结果是可预先详述的，并可通过行为加以表现时，这一模式最为适合。我国台湾学者欧用生认为，目标模式的主要特点为：（1）原子论的观点；（2）行为导向的目标；（3）层次分明的目标体系；（4）目标是价值中立的。❶ 尽管目标模式的特点鲜明，但其局限性也十分明显。目标模式将教育简化为科学的活动，依据"学校即工厂"（school as factory）的隐喻，强调教师就像工人操作某些材料一样，可根据预先确定好的蓝图塑造学生的心理，也可以运用物理学或生物学的科学方法，探讨、分析和解释人类的行为，完全忽视了学生的主体性和自

---

❶ 欧用生. 课程发展基本原理[M]. 台北：复文图书出版社，1985.

主性。斯腾豪斯认为，把目标模式普遍应用于课程设计存在两个基本障碍：(1) 目标模式误解了知识的本质，知识的本质在于通过知识的运用进行创造性思维；(2) 目标模式误解了改善课程实践的过程的本质。

（二）过程模式

许多学者认为，过程模式的思想渊源可以一直追溯到进步主义教育运动。例如，进步主义教育运动主张以儿童的兴趣为教育的起点，强调儿童自主的探究和潜能的发展。这种思想就为过程模式提供了依据。过程模式主张课程的中心问题不是目标或内容，而是过程或程序的原则。课程设计的过程模式的基本过程是：制订一般目标、安排创造性的教学活动、收集有关课程活动结果的资料、按照教学活动实施评价。过程模式主张要有目标，不过，这种目标是一般目标或方向性目标，而非目标模式所主张的特定目标或行为目标。

过程模式的主要代表人物是斯腾豪斯，他是在批判目标模式局限性的基础上提出并实践过程模式的。斯腾豪斯认为，以知识和理解为中心的课程设计，过程模式比目标模式更合适，并以英国著名教育哲学家彼得斯的知识论为依据，提出了过程模式。彼得斯认为，知识以及教育本身具有内在的价值，无须通过教育的结果来加以证明。这类活动有其自身固有的完善标准，能够根据这些标准而不是根据其导致的后果来进行评价。人们可以对它们本身所具有的价值进行争论，而不是对其作为达到目的的手段的价值进行争论。因而，艺术和知识形式如科学、历史、文学与诗歌欣赏等，是课程设置的基本部分，其合理性能够被内在地加以证明，而不必作为达到目的的手段被证明。对它们的选择应基于内容，而不应基于所引起的学生行为的具体结果。诸如知识的过程、概念以及标准等形式，是无法适当地转化为操作水平上的目标的。据此，斯腾豪斯提出，课程设计的任务就是要选择活动内容，建立关于学科的过程、概念与标准等知识形式的课程，并提供实施的"过程原则"。

"过程原则"的本质含义在于，鼓励教师对课程实践的反思性批判和自主创造。斯腾豪斯以自己领导制订的"人文学科课程计划"为例，阐释了教师应遵循的"过程原则"：（1）教师应该与学生一起在课堂上讨论、研究具有争议性的问题；（2）在处理具有争议性的问题时，教师应持中立原则，使课堂成为学生的论坛；（3）探究具有争议性问题的主要方式是讨论，而不是灌输式的讲授；（4）讨论应尊重参与者的不同观点，无须达成一致意见；（5）教师作为讨论的主持人，对学习的质量和标准负有责任。❶

此外，斯腾豪斯还提出了与目标模式迥异的评价思路。在斯腾豪斯看来，应由教师对学习的结果展开评价。不过，教师不应像在目标模式中那样，对照预设目标对学生加以评判，而应在活动过程中对学生加以评价，以促进学生的发展。

从世界课程设计的发展趋势来看，课程设计的过程模式冲破了目标模式"工具理性"的樊篱，把课程设计建立在实际的教育情境基础上，彰显了与目标模式迥异的特点：（1）过程模式主张课程设计过程是一个开放的系统。课程设计有开放的系统和封闭的系统两种方式。封闭的系统主张线性的课程设计过程，如前面的目标模式所述。开放的系统则认为，学习不是线性的、被动接受的过程，而是主动参与、探究的过程，目标和内容无法预先加以明确的规定，因为学生的兴趣在学习过程中会不断发生改变，教学过程中也会出现许多偶发事件，因此过程模式主张课程设计应当是一个开放的系统。（2）强调教育过程本身的价值。过程模式反对目标模式所持的工具主义的知识观，强调知识本身的内在价值，强调教育本身即过程，不以目的为导向。在教育过程中，儿童通过对自然、社会、自我的探究获得探究能力，增进批判能力，成为有灵性、有教养的人。（3）主张按学生的需要，相对灵活地选择和组织内容。目标模式认为课程内容和教育目标之间有着最密切的一一对应关系，只要内容是按照目标选择和组织

---

❶ Elliott J. A Curriculum for the Study of Human Affairs: The Contribution of Lawrence Stenhouse [J]. Journal of Curriculum Studies, 1983, 15 (2): 112.

的，教育目标自然就能达成。过程模式则认为，面对学生的不同需要，同一课程内容可能产生完全不同的结果，据此，主张依据过程原则，开发能促进学生发展的课程内容。

（三）情境模式

情境模式又称"情境分析模式"或"文化分析模式"，其基本假定是：学校和教师参与的校本课程设计是促进学校深层变革最有效的方法。

情境模式的主要代表人物是斯基尔贝克（M. Skilbeck）和劳顿（D. Lawton），这里主要介绍斯基尔贝克的情境模式。该模式将课程设计置于社会文化框架中，"教师通过使学生领悟文化价值，学会各种用来对文化进行阐释的结构和各种符号系统，去修正、变革学生的经验"[1]。它由五部分组成。

1. 分析情境

它主要指对学校环境中各种相互作用因素的分析，包括外部因素（如意识形态变化、家长和社区的愿望、学科性质的变化等）和内部因素（如学生及其特点，教师素养及其价值观、知识、技能、兴趣，校风，校内的政治结构以及设施设备情况等）。

2. 拟订目标

情境模式的目标拟订与目标模式的确定目标不同，它的目标来自情境分析的结果。尽管这里的目标也包括教师和学生的行动，但不一定是明显的行为，目标包含并陈述的是教育活动方向的喜好、价值和判断。情境模式目标是一个连续过程的一部分，而不是终点。

---

[1] 钟启泉. 现代课程论［M］. 上海：上海教育出版社，1989：395.

3. 设计教与学的课程方案

该部分主要内容为：第一，设计教学活动，包括内容结构和方法、范围、顺序；第二，设计教学工具和材料，诸如课本材料、工具清单、资源单位等；第三，教学环境的设计，如实验室、实地工作、工厂；第四，人员的部署和角色的界定，如视课程改革为社会的改革等；第五，设计功课表，包括时间表和资源的供应。

4. 诠释和实施课程方案

诠释和实施课程方案是指当新方案实施时，可能会产生种种问题，这些问题要通过经验的反省与解释、对实施过程的分析，逐一加以解决。

5. 评估、反馈和重新建构

该部分的主要工作是：第一，开发监督和沟通系统；第二，评估计划的准备；第三，提供评估，依据课堂中收集到的证据，进一步修改方案；第四，评估总体结果，包括学生的态度、教师的反应及其对整个学校组织的影响等；第五，保存必要的记录，依据各参与人员的反应加以记录；第六，开发一套适于各种结果的评估程序。

斯基尔贝克的情境模式是一种囊括了目标模式和过程模式的综合性模式，是一种富有弹性、适应性很强的模式，课程设计人员可以从该模式的任何一部分开始课程设计工作，同时根据需要，开展模式中其他部分的工作。与目标模式比较，该模式不像目标模式那样事先预设一种线性的程序，封闭地进行课程设计，而是鼓励课程设计者考虑课程设计过程中不同的影响因素，视整个过程为一个有机整体，并以一种相当系统的方式进行课程设计。

三、教学理论与模式

(一) 什么是教学

在我国,"教学"一词出现的时间要早于"课程"一词。不过,最初并没有"教学"一词,只有"教"和"学"二字。"教学"二字最早连用出现于《书·商书·说命下》:"敩学半。"(敩音 xiào,指教)❶ 这里的"敩学"二字有两种理解:一种认为是一字一音一义,"敩"即"学"也;另一种认为是二字二音二义,"敩"即教也。自唐至清的学者多认为,"敩"与"学"二字既有区别,又有联系。《学记》引用它作为"教学相长"思想的经典依据:"学然后知不足,教然后知困。知不足,然后能自反也;知困,然后能自强也。故曰:教学相长也。《兑命》曰:'学学半',其此之谓乎?"❷

《说文解字》中将教学解释为:"教,上所施,下所效也。""学,觉悟也。"传统上对教的解释中,"上"是指有道德品格与知识涵养的成熟个体,一般是指教师、长辈、父母等角色;"下"是指道德品格与知识涵养都需要更丰富、成熟的个体,一般是指学生、晚辈、子女等角色。"施"是指教导、指示、示范等互动方式,"效"是指仿效、服从、学习等过程。"学"的解释中"觉悟"的意思是,对事物已达到认知理解的境界。据此,《说文解字》中关于教学的含义可概括为:教育者对受教育者就其道德品格与知识涵养进行教导并使其有所觉悟的过程。

到了近代,由于班级授课制的出现以及赫尔巴特教学思想传入我国,教学的重心由"学"向"教"转移。此时,"教学"又等同于"教授",这种理解导致了重教轻学的局面。直到陶行知先生留美归来,提出"教

---

❶ 阮元. 十三经注疏 [M]. 北京:中华书局,1980:175.
❷ 高时良. 学记研究 [M]. 北京:人民教育出版社,2006:63–65.

授"一词的提法有忽视学生的嫌疑,遂又改"教授"为"教学",陶行知先生所指的"教学"的含义是"教学生学"。

到了现代,人们普遍认可:教学是教师教和学生学的统一活动。如《中国大百科全书·教育》指出,教学是"教师的教与学生的学的共同活动。学生在教师有目的有计划的指导下,积极主动地掌握系统的文化科学基础知识和基本技能,发展能力,增强体质,并形成一定的思想品德"[1]。我国学者陈桂生曾对"教学"概念的演化作了概括(见表2-1)[2]。

表2-1 "教学"概念的演化

演化过程	时代	外延	内涵
第一义	古代	教育实体内部全部教育活动	"教"弟子学
第二义	近代	有别于"管理""训育"等的教育活动	"教"(教授)
第三义	现代		"教"与"学"的"联结"

在英语中,与教学相关的词语为"teach""learn""instruction"。

根据美国教育家史密斯的研究,teach、learn在词源上是相通的,两者在早期是同义的。Learn源自中世纪英语中的lernen一词,意即"学"或"教"。Lernen的词干是lar,lar是lore的词根。Lore的本义是学习和教导,现在的延伸意是指教的内容。Teach的本义是"教",词源同learn。除词源分析外,史密斯还指出,teach还有一个派生形式,该派生形式源自古英语中的taecan一词,taecan又是从taikjan一词派生来的。Taikjan的词根是teik,意思是拿给人看。Teik通过deik一词,一直可以追溯到梵文的dic。

此外,Teach的词义还与token有关,token意即使用信号或符号向某人展示某事物,或引发某人对于特定人或事物的反应。Token一词源自古条顿语的taiknom。这个词与taikjan(后来成为古英语的taecan)同源,意思是"教"。由此可见,token和teach这两个词在历史上是有联系的。根

---

[1] 中国大百科全书出版社编辑部.中国大百科全书·教育[M].北京:中国大百科全书出版社,1985:105.
[2] 陈桂生."教育学视界"辨析[M].上海:华东师范大学出版社,1997:145.

据这一派生，teach 的意思就是通过信号或符号引起别人对事物、人物、观察和研究的结果等作出反应。由这种派生关系看，teach 与使教学得以顺利进行的媒介有关。此外，teach 还有两种含义：①impart：给予信息，向某人展示如何做及进行某科目的练习等，亦即由外向内地传授。②inquiry：引导学习者进行探究，指师生间进行教育性论辩，讨论有意义的议题。由此可见，英文中教学的词源有学习内容、展示某物、给予信息、开展探究等含义。相比较汉语中的解释而言，英语中的解释对于作为"活动"的教学之"活动"有了更清晰的界定。

对于 teach 和 instruct，两者经常同义替换使用。不过，若要作严格区分，两者的区别在于，teach 涉及整个教学情境中的师生互动关系，范围较广，包括计划、准备、评价等全部教学活动；instruction 范围较窄，专指在教室中所执行的常规技能的训练。

1. 批判教育学视野中的教学

批判教育学的代表，巴西教育学者保罗·弗莱雷指出："仔细分析一下校内或校外任何关系，我们就会发现，这种关系的基本特征就是讲解。"[1] 讲解的核心在于灌输静态的知识，维持师生间的压迫和被压迫的控制关系，这样的师生关系在总体上表现为从属的、不平等关系。这种不平等主要体现在："教师教，学生被教；教师无所不知，学生一无所知；教师思考，学生被考虑；教师讲，学生听——温顺地听；教师制订纪律，学生遵守纪律；教师做出选择并将选择强加于学生，学生唯命是从；教师做出行动，学生则幻想通过教师的行动而行动；教师选择学习内容，学生（无人征求其意见）适应学习内容；教师把自己作为学生自由的对立面而建立起来的专业权威与知识权威混为一谈；教师是学习过程的主体，而学

---

[1] 保罗·弗莱雷. 被压迫者教育学［M］. 顾建新，赵友华，何曙荣，译. 上海：华东师范大学出版社，2001：22.

生只纯粹是客体。"❶ 由此可见，在以权力结构的不平等为特征的传统教育中，学生是教师可以随意控制的客体，师生间是主客二元对立的关系。由此，师生在传授静态知识的过程中，日益远离彼此的生活世界。

据此，弗莱雷提出，教学即对话。对话并非一种技巧、策略或者机械的方法，而"是人与人之间的接触，以世界为中介，旨在命名世界"❷。针对他人对于"对话"的误读和误用，弗莱雷阐明了对话的核心观点：

为了理解对话实践的意义，我们不得不抛开把对话简单地理解为纯粹是一种技巧的想法。对话并不表示某种我想精心构建又需借助另一人的才智才能实现的虚假途径。相反，对话的特征表现为认识论关系。因此，在此意义上，对话是一种认识途径，但又绝不应该被看作一种让学生投入某项具体任务之中的纯粹的策略……我进行对话，是因为我知道认识过程的社会性特征，而不仅仅是其个体性特征。在此意义上，对话是学习和认识过程不可或缺的组成部分。❸

在弗莱雷看来，对话的核心是认知过程的社会性特征，以参与认知的所有主体的真正投入为据，是共同探究的过程。如果仅仅把对话视作一种简单的策略或者机械的方法，这是对弗莱雷对话观的严重曲解。

2. 发展心理学视野中的教学

哈佛大学教育学者达克沃斯从发展心理学的视角提出了新的教学理解。达克沃斯是皮亚杰的学生和助手。1958—1959 年，她在日内瓦大学既跟随皮亚杰攻读心理学博士学位，又做皮亚杰儿童心理学研究与教学助理。

---

❶ 保罗·弗莱雷. 被压迫者教育学 [M]. 顾建新，赵友华，何曙荣，译. 上海：华东师范大学出版社，2001：25-26.
❷ 保罗·弗莱雷. 被压迫者教育学 [M]. 顾建新，赵友华，何曙荣，译. 上海：华东师范大学出版社，2001：38.
❸ FREIRE P, MACEDO D. A Dialogue: Culture, Language, and Race [J]. Harvard Educational Review, 1995, 65 (3): 379.

受皮亚杰的影响，达克沃斯对人类是如何学习的这一现象开展了持续和深入的研究。在持续观察儿童的学习过程中，达克沃斯提出了一个发人深省的问题："所有儿童在其一、二年级都有惊人的智力进步……为什么许多儿童的智力发展随后就慢下来了呢？在儿童的童年时代晚期，他们的好奇心和智慧（resourcefulness）究竟发生了什么？为什么继续拥有自己精彩观念的人如此之少？"她认为这是由于成人的忽略或偏见、社会的习俗或禁忌"阻止孩子们探索他们自己的观念，并使他们觉得他们没有自己的重要观念，仅有愚蠢的或罪恶的想法"❶。她认为，每一个人自己的观念是其智力的核心，并把智力发展的本质理解为精彩观念的诞生，而这在很大程度上依赖于拥有精彩观念的机会。综观达克沃斯的全部研究，其一以贯之的主题是：帮助学生产生、遵循和发展自己的观念。

据此，达克沃斯认为，教学即研究。达克沃斯强调指出，这里的研究不是为了发表成果而展开的学术研究，而是"使学习者置身于现象之中，并努力理解他们所创造的意义"❷的过程，这样，教学就是学生在教师和同伴的帮助下建构知识的过程。这样的教学关键有二：其一，教师能否创设情境并引导学生进入即将学习和探究的现象中；其二，教师是否善于倾听学习者解释，同时能否引导学习者之间进行相互解释。

（二）常见的教学理论

所谓教学理论（instructional theory），是指力求合理地设计教学情境，以期达成学校教学目的所建立的一套具有处方功能的系统理论。教学理论所关心的是怎样最好地教会学生想学的东西，主要研究教学情境下教师引导、维持或促进学生学习的过程，据此指导课堂教学实践。诚如布鲁纳所

---

❶ 爱莉诺·达克沃斯. 精彩观念的诞生——达克沃斯教学论文集［M］. 张华，等译. 北京：高等教育出版社，2005：9.
❷ 爱莉诺·达克沃斯. 精彩观念的诞生——达克沃斯教学论文集［M］. 张华，等译. 北京：高等教育出版社，2005：184.

指出的:"教学理论关注如何让学生以最优的方式学习教师所教授的内容,它旨在改进学习而非描述学习。"❶ 一般认为,捷克夸美纽斯的《大教学论》(1632)是第一本系统的教学理论著作。德国赫尔巴特的《普通教育学》(1806)确立了心理学和哲学的理论基础,使教学理论成为一门真正独立的学科。此后,教学理论朝心理学和哲学两个方向发展。欧洲大陆(以德国为代表)倾向于哲学取向,苏联和我国都深受影响;英美则倾向于心理学取向,重要的代表人物有:布鲁纳、奥苏伯尔和加涅等。不同的教学理论皆有其发展的情境脉络、理论依据、不同的适用范畴,鉴于此,这里主要介绍心理学和哲学取向的教学理论。

1. 行为主义教学理论

行为主义教学理论的代表人物是斯金纳。斯金纳从小就对动物和人类行为感兴趣,后来在哈佛大学攻读心理学专业,并于 1931 年获得哲学博士学位,毕业后留校从事心理学研究。他精心设计实验,探索动物在环境变化时进行学习的规律,依据动物实验建立了学习的强化理论,并据此提出了程序教学及相应的教学方法,曾给 20 世纪 50 年代的世界尤其是美国的中小学教育带来广泛影响。

斯金纳针对当时美国中小学教育的弊端,提出了自己的教学主张。他认为,当时美国的基础教育将学生视为被动的接受者,而根据他的强化学习理论,学生应该是主动的学习者。斯金纳分析了当时课堂教学存在的主要问题:①学习的正强化很少发生。学生之所以学习,是为了避免老师的批评和同学的嘲笑,可见,学生对学习毫无兴趣可言。②学习行为与强化之间的间隔时间太长。斯金纳认为,学生回答正确时需要得到教师的肯定、强化,理想的间隔时间是几秒钟,然而事实上,在班级教学中,学生完成作业后,教师不可能同时表扬每个学生的适当答案或纠正错误的答

---

❶ Jeroms S. Bruner. 教学论 [M]. 姚梅林,郭安,译. 北京:中国轻工业出版社,2008:36.

案，有的教师甚至把作业带回去批改，这样的强化就谈不上什么效果了。③缺少一种引导学生通过一系列强化达到最终复杂行为的巧妙程序。为了使学生有效、精确地形成复杂行为，必须有一长串的强化出现，然而，教师不可能及时处理学生的反应，并在每一步上都给予强化，因而学生要完成复杂的学习任务就困难得多了。④强化的次数太少。斯金纳估计，在小学前四年，一个学生大约需要2.5万次强化，但教师安排强化出现的总数只有几千次。上述问题导致课堂教学效率不高，学习质量下降。❶

斯金纳认为，教学即行为塑造。他强调人类行为的可塑性，认为教学是教师依据学习情境的安排，通过各种强化策略，塑造出预期行为的过程。从斯金纳的教学观看，教学成功的关键在于外部环境对人的影响，而人自身的主体意识在学习过程中是毫无价值的。

斯金纳认为，良好的程序教学需要包括如下基本要素：

（1）学生作出积极的反应。程序教学过程必须使学生始终处于一种积极学习的状态。"写、说进行选择和比较都能使学习者经常处于积极状态。"❷ 只有处于积极学习的状态，学生才可能作出反应。

（2）小步子。用于程序教学的学习内容是一步一步呈现的，因此很容易被学生理解。前后两个步子之间的难度增加通常是很小的，这样，学生就能牢固掌握所学的内容。这既为后续学习更难的内容打下了坚实的基础，也使学生的学习很容易得到成功，并建立自信心。

（3）对每一反应作出即时反馈。即时反馈即教师应当场对学生的每一学习行为给出正确与否的评价。斯金纳认为，当学生的每一反应都能很快地得到教师的评价时，学习效率就提高了。

（4）自定步调，学习者按照个人情况确定学习进度。程序教学允许学

---

❶ 华东师范大学教育系，杭州大学教育系. 现代西方资产阶级教育思想流派论著选［M］. 北京：人民教育出版社，1983：321.
❷ 普莱西，斯金纳，等. 程序教学和教学机器［M］. 刘范，曹传咏，等译. 北京：人民教育出版社，1964：3-4.

习者根据个人情况来确定掌握材料的速度。这与传统教学在课堂传授中一般以"中等"水平的学习者为参照点的教学法不同，传统教学法使掌握快的学生被拖住，而学习慢的学生又跟不上，致使班级学生之间学习水平差距越来越大。

为了实现帮助每位学生主动学习的理想，斯金纳毕生致力于教学机器的设计、应用和实验。从对提高人的学习主动性和学习效率的角度来看，斯金纳的程序教学显得比较合理，因为每个学生可以按自己最适宜的速度进行学习，由于有自己的思考时间，学习较容易成功。同时斯金纳的程序教学对于当下的计算机辅助教学、网络教学等都具有重要的启发。不过，斯金纳程序教学的局限性也是不言而喻的：尽管斯金纳强调程序教学适宜复杂的学习任务，不过，从斯金纳的研究来看，程序教学最适宜的是结构良好的学习任务；程序教学只关注了学生学习的个体性，而没有关注到学习的社会性过程；斯金纳主要基于动物行为的研究得出学习理论，忽视了学习过程中个体内部心理过程的重要性。

2. 认知主义取向的教学理论

认知主义取向的教学理论的代表人物是加涅（R. M. Gagne）、布鲁纳（J. S. Bruner）和奥苏伯尔（D. P. Ausubel）等，这里主要介绍布鲁纳的教学理论。

布鲁纳是一位对教学理论的发展作出很大贡献的教育思想家，他对于人的思维、学习动机、认知发展阶段以及知识结构的研究等都有深远的影响。诚如我国学者所指出的，布鲁纳"运用结构主义的方法论和认知心理学的研究成果，阐述了认知、发展与教学统一的教育观，构筑了以认知心理学研究为基础的教学理论。其教学思想对美国 20 世纪 60 年代以来的科学教育改革实践产生了深刻的影响，是美国自杜威之后，在教育理论上具有卓越贡献的思想家"❶。

布鲁纳主张，教学是"教师在实际教学情境中，设法安排有利于发现各种结构的情境，让学生主动去发现知识结构"。布鲁纳认为有效的教学理论应具备如下四个特征❷：

（1）应该详细阐释一些经验，以便为学生进行一般性或具体的学习提供指导性建议。

（2）必须详细说明建构一类知识结构的具体方式，进而使学习者能够较容易地掌握这些知识。

（3）必须详细说明如何按特定的顺序来有效地呈现学习材料。

（4）应该详细阐释学习和教学过程中奖励和惩罚的性质以及步骤。

在教育领域，直到20世纪中叶仍未建立起以实验为背景的教学理论体系，理论上的贫乏阻碍了教学实践的发展。针对教学理论的贫乏，布鲁纳率先探索并建立了现代教学理论。1963年，他接连撰写了《需要：一门教学理论》、《教学理论的原理》和《教学理论注解》三篇论文，这些论文较系统地阐述了教学理论的性质特点、研究主题和教学原理、原则。在布鲁纳的教学理论中，最典型也最重要的是发现学习法。布鲁纳对发现学习法的研究缘于20世纪50年代末美国的课程改革，当时参与改革的专家们对发现学习的效果抱着十分乐观的信念，这引发布鲁纳对发现学习法展开了深入的研究。从1958年开始，他对70名在校儿童的发现学习行为进行持续4年的探索性研究，于1961年发表了《发现的行为》，阐述了一些假设性的论点。此后，他在教学实验中继续发表和出版了《学习的结构》（1963）、《教学理论探讨》（1966）、《发现学习的因素》（1971）等论著，论证和发展了原有的思想。

（1）发现学习法的含义。

布鲁纳基于对"怎么教"的独特认识，讨论了发现学习法的内涵。布

---

❶ 吴文侃. 当代国外教学论流派［M］. 福州：福建教育出版社，1990：178.
❷ Jeroms S. Bruner. 教学论［M］. 姚梅林，郭安，译. 北京：中国轻工业出版社，2008：36-37.

鲁纳在《发现的行为》一文中指出:"我们教一门科目,并不是希望学生成为该科目的一个小型图书馆,而是要他们参与获得知识的过程。学习是一种过程,而不是结果。""亲自发现的实践,可使人按照一种促使信息更迅速地用于解决问题的方式去获得信息。""学会如何学习"本身要比"学会什么"来得重要。据此,布鲁纳认为,发现学习法就是用自己的大脑亲自获得知识的一种形式,不局限于人类对未知世界的发现,更为重要的是学校儿童凭自己的力量对人类文化知识所作的"再发现"。

(2) 发现学习法的要素。

教学中应该如何引导学生去发现或再发现?布鲁纳详细论述了发现学习的基本要素。

第一,激发学习的内部动机。布鲁纳对那些受外部(教师、家长)的奖惩所控制的"高分"儿童进行了研究,发现这类儿童发展了死记硬背的能力,但学习的迁移能力和分析能力比那些不谋求过高成绩的儿童低,原因是这些儿童为满足别人对自己的期望而学习,而非将学习与自己的认知生活相联系。据此,他倡导以内在动机作为学习的动力之源;帮助儿童摆脱周围环境所给予奖惩的直接控制,以发现作为奖赏促使儿童自主地进行学习。布鲁纳的真知灼见对我国当下中小学阶段过分关注学习的外部动机,以小红花、五角星等激励机制引发学生个体竞争的做法是一种警示。

第二,探究解决方案。面对问题情境,学生一开始就能采取积极的问题解决心态至关重要。因此,教学伊始,教师就要鼓励学生主动思考问题,通过直觉、猜测或不断的尝试提出可能的解决方案。不过,学生常有两种偏向:一种是懒于思考,认为自己无法发现;另一种是掉以轻心,以为走马观花就可以有所发现。对此,布鲁纳指出,在教学安排方面,教师要给学生自由思考的机会,以消除其惰性心理;他还告诫教师,在教学中要耐心等待,直至学生乐意动脑筋思考时,再授予具有一定难度的抽象概念,否则学生将会盲从地生吞活剥,不加以理解。

第三,灵活组织外界提供的信息。在探索解决方案的过程中,学生不应被动地接受外界或教师提供的信息,而应根据个人需要,灵活调用有用的信息,多方组合信息以形成可能的解决方案。对此,布鲁纳提供了两种思路:①把外部信息作为限定条件加以利用;②更精细地识别、洞悉信息所提供的内涵,抓住根本。

第四,灵活而执着地追求问题的解决。在发现学习过程中,问题的解决不能靠僵化地执行上述提出的解决方案,而是在灵活而执着的追寻中解决的。为此,布鲁纳建议教师应培养学生对照比较的能力,发挥儿童操作学习的自我反应特性。在教学实验中,他发现了儿童学习的一个特点,即儿童常常会进行某些操作,并能将其转换为头脑中的简约标记,却难以用语言描述这些操作行为,这就是儿童学习的自我反应特性。

3. 人本主义教学理论

人本主义教学理论的代表人物是罗杰斯(C. R. Rogers)。罗杰斯是当代美国著名的人本主义教育家、心理学家,并因其鲜明的"离经叛道"之学说而成为当代国际教育舞台上引人注目的人物。罗杰斯以存在主义的世界观、现象学的方法论、人本主义的心理观为依据,以"自我"作为教学理论发展的逻辑生长点,发展了非指导性教学理论。

在罗杰斯的非指导性教学理论中,非指导性有两层含义:

(1)作为一种思想。"非指导性"具有以下基本特征:①极大地依赖于个体成长、健康与适应的内驱力,因此要竭力搬掉各种有碍于个体或学生成长和发展的障碍;②更加强调情感因素,强调情境的情感方面而非智力方面,因此要尽可能直接"进入"学生的情感世界,而非借助理性的方法去干预或重组学生的情感;③更加强调学生"此时此刻"的情形,而非他们的过去,包括过去的经验;④更强调本身就能促进学生经验生长的人际接触和人际关系。[1]

---

[1] 钟启泉,黄志成. 美国教学论流派 [M]. 西安:陕西人民教育出版社,1993:256.

（2）作为一种策略。"非指导性"是建立在如下信念的基础之上的：①人具有非常优异的先天"潜能"，教育无须也不应该用指导性的方式向学生灌输什么，否则会压抑"潜能"的自然实现，适得其反。教育只需为学生"潜能"的发展提供一个宽松、和睦的心理环境，使之能在内驱力的驱动下自动、充分地形成。②人无时无刻不处在动态的变化之中。这样，教育就不可能按照一组预定的程序、利用外部的要求向学生施教，不能"指导"学生去如何想、如何做，而必须顺应学生内心体验变化之自然。

按照罗杰斯的观点，在课堂教学中要实现"非指导性"思想和策略，就必须遵从非指导性教学最基本的原则：①教师在教学中必须有"安全感"，他信任学生，同时感到学生也同样信任他，教师不能把学生当成"敌人"倍加提防。②只有遵从相互信任原则，课堂才能形成真诚开放、相互指教、其乐融融的教学氛围。在相互信任原则的基础上，罗杰斯进一步提出了非指导性教学的其他八个原则：①教师与学生共同承担责任，一起制定课程计划、管理方式等方面的内容，而非像传统教学那样，由教师独揽这些事情，学生没有任何发言权，因此也没有任何责任。②教师提供各种各样的"学习资源"，包括他自己的学习经验或其他经验，书籍及各种参考资料，社会实践活动等。③让学生单独地或者与其他学生共同地形成他们自己的学习计划。④提供一种"促进"学生学习的良好气氛。一个好的班级、好的课堂，应充满真实、相互关心和理解的心理氛围。⑤学习的重点是学习过程的持续性，至于学习的内容（学生学到什么）是次要的。⑥学生的学习目标是他们自己确定的，因此，为了达到这些目标而必须提供的训练形式是"自我训练"，要让学生认识到这种训练是他们自己的责任，而且要承担这种责任，应该用自我训练取代外部训练。⑦对学生学习情况的评价由学生自己作出，而不是像传统教学那样是教师的"专利"。⑧促使学习以一种更快的速度更加深刻地进行下去，并且更广泛地渗入学生的生活与行为之中。

近几十年来，教学理论得到了较快的发展，各种教学理论思潮迭起，比如建构主义、多元智能等。不过，按照布鲁纳对教学理论性质的剖析，这些思潮尚不能称为一种流派。布鲁纳认为："从性质上讲，教学理论是规范性的应用科学，它要阐明获得知识和技能的最佳原则。具体说，其一是要提供评判各种教学途径的准绳，其二是要提供教学的理想标准及实现条件。"[1]

（三）常见的教学模式

教学模式（model of teaching）一词最初是由美国学者乔伊斯和威尔（B. Joyce & M. Weile）等人提出的，他们在《教学模式》一书中系统介绍了不同取向的教学模式。何谓教学模式？安德鲁斯和古德森（D. Andrews & F. Goodson）曾指出，一种教学模式就是一组综合性成分，这些成分能用来规定完成有效的教学任务中的各种活动和功能的序列。据此，利用某一种模式，人们可以将教学活动或过程化解为某些关键要素或成分，并借助其简化的、微缩的方式研究与探讨有关的现象。[2] 乔伊斯、威尔等人通过长期的研究认为，形式多样的教学模式可以归纳为四种类型：行为系统型教学模式、信息加工型教学模式、社会型教学模式、个人型教学模式。

1. 行为系统型教学模式

行为系统型教学模式更多地强调学生在一定的系统程序中独立自主地学习和在教师的指导下进行行为训练。乔伊斯、威尔等人概括了三种行为系统型教学模式：掌握学习与程序教学、直接指导、模拟训练学习。这里主要介绍模拟训练学习模式。

---

[1] BRUNER J S. Learning about Learning：A Conference Report [M]. Washington：D C U. S. Government Printing Office, 1966：196.

[2] BAGDONIS A S, SALISBURY D F. Development and Validation of Models in Instructional Design [J]. Educational Technology, 1994 (4)：26.

模拟训练学习是通过让学生模拟真实生活世界中的问题解决过程，将课堂中学习的知识与技能、过程和方法应用于真实世界的问题解决之中。

模拟训练学习模式由四个阶段组成：导向、参与者的培训、模拟训练操作、总结问询，其主要内容如下：

第一阶段——导向。

（1）呈现模拟训练的主题和融合在模拟活动中的概念；

（2）解释模拟训练和游戏；

（3）介绍模拟游戏的梗概。

第二阶段——参与者的培训。

（1）设置情境（规划、角色、程序、打分、作出决定的类型和目标）；

（2）分配角色；

（3）进行简短实践。

第三阶段——模拟训练操作。

（1）进行游戏活动和游戏管理；

（2）获得（表现和所作决定的效果）；

（3）反馈与评价；

（4）澄清错误概念；

（5）继续模拟训练。

第四阶段——总结问询（任何或所有以下活动）。

（1）总结事件和感受；

（2）总结困难和看法；

（3）分析过程；

（4）把模拟情境同真实世界相比较；

（5）把模拟活动同课程内容相联系；

（6）评估并重新设计模拟训练。

人们往往会将模拟训练学习模式作技能训练、行为改变之用。不过，乔伊斯、威尔等人通过多年的合作研究指出，该模式还能发展学生的合作与竞争能力、批判性思维和现场决策的能力等。据此，他们认为，该模式适用于如下主题的学习：竞争、合作、默契、交往系统、概念、技能、效能、代价、机会的作用、批判的思考和决策能力。❶

2. 信息加工型教学模式

信息加工型教学模式按照教学目标的不同可以分成不同的类型，如基本的归纳模式，旨在归纳性地解决问题，形成概念；概念获得模式，获得概念并提高思维能力；科学探究模式，旨在让学生学会提出假设、验证假设，善于运用不同的推理法展开探究；记忆模式，旨在直接获得事实；发散思维训练模式，旨在提升创造性思维能力。这里主要介绍基本的归纳模式。

（1）基本的归纳模式。

基本的归纳模式旨在发展学生的归纳思维能力，特别是分类和使用分类的能力；该模式主要通过数据的收集、组织、处理和应用来达到目的。代表人物是课程理论家塔巴（H. Taba）。塔巴提出并发展了基本归纳模式可用的三种基本策略。❷

第一种策略：形成概念。形成概念策略由三个阶段组成：①确定和列举与主题相关的资料；②将这些资料分成具有共同特征的类别；③为各类别命名。塔巴认为，学生在概念形成过程中所涉及的每一个显性活动都与其隐性的大脑智力操作活动有关，这两种活动之间的关系及其与教师的启发性问题之间的关系如表 2-2 所示。

---

❶ Bruce Joyce，等. 教学模式 [M]. 荆建华，等译. 北京：中国轻工业出版社，2002：427.
❷ Bruce Joyce，等. 教学模式 [M]. 荆建华，等译. 北京：中国轻工业出版社，2002：154-157.

表 2-2　形成概念

显性活动	隐性智力操作	启发性问题
1. 列举	区分（辨别各个观察结果）	你看到、听到和注意到了什么
2. 分类	确定共同特点，抽象	哪些该放在一起？它们的共同点是什么
3. 命名	决定事物的等级顺序（高级的和从属的）	你怎么称呼这些类别？根据什么

第二种策略：诠释资料。该策略的三个阶段为：①确认主要关系；②探讨关系；③作出推理。在该策略的几个阶段中，学生主要依据资料的相互关系建立假设、推断出因果关系、在假设的基础上进行概括，据此发展自己的思维过程。在该策略阶段，显性活动、隐性智力操作和启发性问题之间的关系如表 2-3 所示。

表 2-3　诠释资料

显性活动	隐性智力操作	启发性问题
1. 确定主要关系	分辨	你注意、看到和发现了什么
2. 探求关系	找出各类别间的相互关系并确定因果关系	它们为什么会这样
3. 作出推理	超越具体资料找出内涵的意义，推测	这意味着什么？它在你的脑海里形成了什么样的画面？你会得出什么结论

第三种策略：应用原理。该策略的三个阶段为：①预测结果，解释未知现象，提出假设；②解释和支持预测及假设；③验证预测。该策略旨在应用获得的原理来解释新的现象。在该策略阶段，显性活动、隐性智力操作和启发性问题之间的关系如表 2-4 所示。

表 2-4　应用原理

显性活动	隐性智力操作	启发性问题
1. 预测结果，解释未知现象，提出假设	分析问题实质，回顾相关知识	如果……将会发生什么

续表

显性活动	隐性智力操作	启发性问题
2. 解释和支持预测及假设	确认引出的预测或假设的偶然性联系	你为什么认为它将要发生
3. 验证预测	应用逻辑原理或实际知识来确定必要条件和充分条件	什么能够证明它在原理上是正确的或极有可能是正确的

从上述的策略内容看，这三种策略的各个阶段实际上也就是基本归纳模式的九个阶段。

（2）基本的归纳模式的应用。

如前所述，基本的归纳模式注重引导学生学会收集和分析信息，创造性地加工信息并应用这些信息去解决问题，可见，其主要价值在于发展学生的思维能力。塔巴认为，只要使用得当，该模式能被应用于从幼儿园到高中的所有课程的学习。

3. 社会型教学模式

当许多人在一起工作时，就能产生合力，社会型教学模式就是利用该原理来建构学习群体的。社会型教学模式"强调我们的社会性，强调我们如何学习社会行为以及社会影响如何促进学业的提高"❶。几乎所有社会型教学模式的倡导者都认为，学校教学的基本任务是培养民主社会所需的公民，这样的公民既能改善个人和社会的生活，又能维护民主社会的秩序。社会型教学模式主要包括团体调查模式、法理学探究模式、角色扮演模式、社会探究模式、社会模拟模式等。这里主要介绍团体调查模式。

（1）团体调查模式的介绍。

团体调查模式受到杜威的民主团体观的启发。杜威在《民主主义与教育》一书中提出，民主社会的教育应在民主过程中进行。团体调查模式的

---

❶ Bruce Joyce，等，教学模式［M］．荆建华，等译．北京：中国轻工业出版社，2002：31．

创始人泰伦（H. Thelen）继承了杜威的观点，提出了团体调查模式。泰伦认为，课堂就像大的社会，它有社会秩序和课堂文化，学生关心课堂里形成的生活方式。团体调查模式就是要重演社会协商的方式，使学生通过协商学习学术领域的知识并从事解决社会问题的工作。这个模式的基本特点是，提供了一个社会组织，在这个社会组织中可以运用其他合适的模式。

团体调查模式始于让学生们面临一个感兴趣的问题。该问题可以口头提出，也可以是实际经历；可以自然引发，也可由教师提供。如果学生们对这个问题产生了反应，教师就可以把他们的注意力集中到反应的差异上。他们采取什么态度？他们观察到什么？他们用什么方式组织问题？他们有什么感触？当学生开始对他们反应的差异产生兴趣的时候，教师再指导他们自己去说明问题、界定问题的类别。接着，学生们分析解决这一问题所需的角色，然后自己进行组织分工，采取行动，汇报结果。最后，小组根据最初的目标来评价他们的解决问题的方法。团体调查模式共有六个阶段：

第一阶段：学生面临困境（有计划或无计划的）；

第二阶段：学生对困境作出试探性反应；

第三阶段：学生明确研究任务并建立研究组织（确定问题、分派角色和任务等）；

第四阶段：独立研究和团体研究；

第五阶段：分析问题的进展和过程；

第六阶段：开始新一轮活动。

在团体调查模式中，教师的任务是参加形成课堂社会秩序的活动，旨在把课堂秩序导向探究。教师在团体调查研究中担任顾问、参谋和友善的批评家的角色，引导学生掌握民主性解决问题所需的协商和解决冲突的技巧。此外，教师应当指导学生学会收集数据和分析数据的方法，帮助他们提出可检验的假设，分析构成假设的合理要素。由于在团体结构和团体凝聚力方面存在很大的差异，教师在进行指导时一定要理解学生的社会和学业行为，为他们的探究活动提供帮助，保证活动的顺利进行。

（2）团体调查模式的应用。

团体调查模式对教师和课堂教学组织均提出了灵活性的要求。根据泰伦等人的研究，团体调查模式可以应用于所有的学科领域和所有年龄的儿童中，甚至已成为整个学校的基本社会模式；团体调查模式既适用于开放型的课堂环境，也适用于较为封闭的传统课堂环境。需要指出的是，对于那些没有机会亲身体验团体调查模式的教师和学生而言，可能需要经历一个尝试、体验、反思和改进的探究过程。

4. 个人型教学模式

个人型教学模式是从个人角度发展而成的以更好地认识自我和人与人之间关系的一类模式。个人型教学模式的共同目的为：①通过培养学生的自信心和现实的自我意识，通过形成对别人的移情反应，使学生的情感和心理更加健康；②提高学生自身对教育的需求和渴望，在决定学生将要学什么和怎么学的问题上，尊重他们的意见；③培养学生特殊的思维品质，如创造性思维和自我表达能力。❶ 个人型教学模式以非指导性教学模式为主，下面简要介绍之。

（1）非指导性教学模式的介绍。

非指导性教学的代表人物是罗杰斯，罗杰斯不仅建构了非指导性教学理论，还提出了非指导性教学模式的五个阶段：

第一阶段：确定帮助情境。教师鼓励学生自由地表达感情。

第二阶段：探索问题。教师鼓励学生确定问题，教师接受并澄清学生的情感。

第三阶段：发展洞察力。学生讨论问题，教师支持学生。

第四阶段：计划和作出决定。学生设计最初的决定，教师澄清可能的

---

❶ Bruce Joyce, 等，教学模式 [M]. 荆建华，等译. 北京：中国轻工业出版社，2002：345.

决定。

第五阶段：整合。学生形成进一步的见解并做出更积极的行动，教师给予帮助。

在非指导性教学模式中，师生之间是平等的伙伴关系，因此对于学生提出的困惑或学习困扰等，教师不宜简单地给出可能的解决方法，而应鼓励学生表达出困惑产生的原因。为了让学生更好地表达困惑或困扰产生的原因，教师应致力于营造非指导性的言谈氛围。这种氛围有四个基本特征：①教师对学生表示热情并作出反应，对学生表示真正的兴趣并接受他们；②对学生表现出来的情感，教师不要作评判或训导；③学生可以自由地表达情感，但是不能随便地控制教师或冲动做事；④这种关系没有任何压力或强制，教师应避免对学生表现出个人偏见，或以批评的方式作出反应，教师应该把每项学习任务都看成帮助学生成长的机会。

（2）非指导性教学模式的应用。

非指导性教学模式可以应用于如下三类情境问题中：个人的、社会的和学业的。应用于个人问题的解决时，主要在于探究个体自身的情感问题。应用于社会问题的解决时，主要在于探究个人和他人关系方面的情感问题。应用于学业问题的解决时，主要在于探究个体自身的学习能力和兴趣方面的情感问题。特别需要指出的是，非指导性教学模式特别强调某一问题情境的情感因素，而非智力因素。

第三章　教师专业素养训练与发展

一、教师专业素养

当前有关教师专业发展的文献相当丰富，但对"教师专业发展"这个概念的界定却不够充分，许多研究者似乎都愿意将这一概念作不言自明处理。但如果我们将这一概念拆分成"教师专业＋发展"或"教师＋专业发展"，问题就复杂起来了。对教师专业发展概念内涵的不同把握，实际上决定了教师专业发展不同的研究取向。按第一种构词方式，可以理解为把教师从事的职业作为专业，因此对教师专业发展的研究着重于教师这一职业如何成为专业的发展过程。按第二种构词方式，则可以理解为教师个体或群体，如何获得专业知识、专业技能、专业情意，成长为专业人员的过程。这里主要阐述教师作为专业人员需要具备怎样的素养。

（一）教师的专业知识

教师作为专业人员，必须具备从事专业工作所要求的基本知识。教师的专业知识是教师研究中较早的一个领域，早在1960年，美国教师教育就作过"能力为本"尝试，试图为教师的教学工作提供一个处方性的知识基础。但迄今为止，对于教师究竟应该具备哪些方面的专业知识还有不同的认识。其中较有影响的首推舒尔曼（Shulman）所建构的教师专业知识分析框架，他认为教师必备的知识至少应该包括以下几个方面：

（1）学科内容知识，即语数外、政史地、理化生等学科知识；

（2）一般教学法知识，指超出学科内容的有关课堂组织和管理的主要原则和策略；

（3）课程知识，指课程开发、课程实施、课程评价等方面的知识；

（4）学科教育知识，指学科内容知识和教育专业知识融合而成的知识；

（5）有关学生及其特征的知识；

（6）有关教育脉络的知识，包括班级或小组的运作、学区的管理与财政、社区与文化的特征等方面的知识；

（7）有关教育目的、价值、哲学与历史渊源方面的知识。

在舒尔曼的教师专业知识分类框架中，学科教育知识是特别重要的，因为它是与其他学科不同的知识类型，是学科内容知识与教育学科知识有机融合的一种，是区别学科专家和教师的一个知识领域。继舒尔曼之后，有许多研究者提出了各自的知识分类，如表3-1所示。教师知识分类的一个主要贡献在于为教师教育课程设计提供了一个框架。[1]

上述的知识分类在很大程度上是理念性的，主要反映的是研究者个人的教育信念、经验、专长以及研究兴趣和领域，因此关于知识分类呈现了多样化的特点。但是作为一名专业人员，教师应该具备广博的文化知识、精深的学科知识和扎实的教育学科知识三大方面，更主要的是这三个方面的知识应该能够通过教育实习实践等方式，相互结合，有机融合起来。

---

[1] 林一钢. 中国大陆学生教师实习期间教师知识发展的个案研究 [M]. 上海：学林出版社，2009：33.

表 3 – 1　教师知识分类

研究者	教师知识分类
史密斯和尼尔（Smith & Neale）	一般教学知识、学科知识、形成教师工作的理论与信念
古德曼和拜伦（Goldman & Barron）	学科教学知识、有关学习者的知识、班级组织与管理的技巧，教学计划与应变能力
塔米尔（Tamir）	博雅教育知识、个人表现的知识、学科知识、一般教学知识、学科特定的教学知识、教学专业基础知识
格朗（Grant）	学科教学知识、有关学生的知识、自我知识
格罗萨（Grossam）	内容知识、学习者与学习的知识、一般教学知识、课程知识、情境知识、自我知识
斯坦伯格和霍瓦特（Sternberg & Horvath）	学科知识、教学知识、学科教学知识、与教学相关的社会与政治情境知识
皮尔森（Pierson）	学科教学知识、教学知识、内容知识、教育科技知识以及教育科技之学科教学知识
利斯（Leys）	内容知识、一般教学法知识、课程知识、教学内容知识、关于学习者及其特质的知识、教育情境知识以及教育目标和价值的知识

1. 广博的文化知识

在拉丁文中，"文化"一词的本义就是"培养"，文化知识本身具有陶冶人文精神、养成人文素质的内在价值，而教育工作的对象是有待进一步塑造的人，因此这必然要求教师具备广博的文化知识。美国在1983年发表的《为21世纪而教育美国人》的报告中明确指出："21世纪的基础已不仅是读、书、算，还包括通信技术、高超的解决问题的技能，以及科学技术方面的素养。每个学生都应有扎实的数学、科学与技术基础。"❶ 教师应该广泛掌握人文科学、社会科学、自然科学等方面的知识，从而能够：

（1）满足每个学生多方面的探究兴趣和多方面发展的需要；

---

❶ B. J. B. 为21世纪而教育美国人［J］. 语文建设，1984（4）：1.

（2）帮助学生了解丰富多彩的客观世界；

（3）帮助自己更好地理解所教学科知识；

（4）帮助自己更好地理解教育学科知识，如学习教育哲学就需要思维哲学、伦理学、社会哲学、认识论等学科的知识基础；

（5）提高在学生和家长心中的威信，教师知识越多，他在学生及家长心目中的威信就越高。

2. 精深的学科知识

已有的大量研究结果表明，教师学科知识的掌握程度与学生的学习成绩成正相关。一个合格的教师，对所教学科应有比较精深、坚实的专业基础知识，不仅能透彻理解、全面掌握所教学科的基本概念、基本理论、基本结构和学科体系，而且能了解它的历史、现状、发展趋势以及与边缘学科的关系，等等。只有学科知识比较扎实的教师，才能准确地把握教材的重点、难点，把握学科知识结构及其发展，把所教学科的知识教活、教好，使学生学得主动、扎实。因此，教师必须精通所教学科的知识。雷诺兹认为学科知识主要包括：

（1）内容知识，即各学科有关的事实、概念、原理、理论等；

（2）实质知识，即一个学科领域的主要诠释架构与概念架构；

（3）章法知识，即一个学科领域里新知识被引入的方式，研究者知识追求与探究的标准或思考方式等；

（4）有关学科的信念，即对学科作用、地位、功能等方面的基本看法；

（5）有关学科的最新发展、正在进行的研究以及最近取得的成果。[1]

3. 扎实的教育学科知识

教师不仅是学科的专家，更应该是教育家，不仅要知道教什么，更需

---

[1] 教育部师范教育司. 教师专业化的理论与实践［M］. 北京：人民教育出版社，2003：57-58.

要知道怎么教，作为教育家就更需要扎实的教育学科知识。常言道，"学者未必是良师"，一个教师要成功地扮演好自己的角色，除了掌握学科知识，更重要的是要具备先进科学的教育理念与理论，因此教育学科知识是教师知识结构中不可或缺的重要组成部分，它主要包括教育学、教育心理学、教育技术学、学科教学论、课程与教学论、教育研究方法等方面的知识。教师只有具备了扎实的教育知识，才能科学施教，科学育人。教育学科知识是决定教师工作成败的关键，但由于教育实践具有复杂性、情境性、即时性等特点，而教育学科知识往往带有一定的抽象性、普遍性的特点，两者之间必然存在一定的距离，理论与实践不是一一对应的关系，这就需要教师运用智慧，把抽象的、普遍的教育学科理论知识，在实践场景中具体化、可操作化，从中感知教育学科知识指导实践的作用与魅力。

（二）教师的专业技能

在关于教师专业技能的研究中，存在许多与之相仿的概念，比如教师基本功、教学技能、教学技巧、教学能力等。西方关于教师专业技能的研究盛行于20世纪六七十年代。美国的"能力本位师范教育""模拟教学""微格教学"等都是强调在教师教育中发展教师教学技能的产物。我国师范院校经常提及的钢笔字、粉笔字、毛笔字（三字）和普通话（一话）即属于传统教师基本功的范畴。

美国佛罗里达州在20世纪70年代开展了一项教师能力的研究，提出了1276项能力表现。其主要方面包括：

（1）量度及评价学生行为的能力；

（2）进行教学设计的能力；

（3）教学演讲的能力；

（4）承担行政职责的能力；

（5）沟通能力；

（6）发展个人技巧；

（7）使学生自我发展的能力。❶

澳大利亚的特尼等人通过研究把教学技巧分为七大类。这一分类具有广泛的代表性，主要内容如下：

（1）动力技巧：包括加强学生的行为，多样化刺激、入门、鼓励学生参与、接受并支持学生感受，表达温情以及认识满足学生的需求；

（2）讲授及交流技巧：包括解释、戏剧化、阅读，使用视听教学辅助器具，终止，使用沉默，鼓励学生反馈，澄清、表情、速度以及有计划地重复；

（3）提问技巧：包括反复集中与指导、引导高难问题、歧视与多样性问题以及激发学生主动性；

（4）小组个人辅导技巧：如组织小型小组工作，培养独立学习能力，咨询，鼓励合作活动及学生间的相互作用；

（5）培养学生思考技能：如鼓励探索性学习，指导发明，制定概念，使用刺激手法，使用角色和游戏刺激思维，培养学生解决问题的能力，鼓励学生进行评价与判断并培养其批判性思维；

（6）评估技巧：包括认识与评价学生进步，确定学习困难，提出补救办法，鼓励自我评估及组织评估讨论；

（7）课堂管理与纪律：包括认识专心与不专心行为，监督课堂小组工作，鼓励以任务为目标的行为，给予指导并解决多重问题。❷

1992年，原国家教委师范司印发了《高等师范学校学生的教师职业技能训练基本要求（试行稿）》，1994年又颁布了《高等师范学校学生的教师职业技能训练大纲（试行）》，要求师范生在教育学、心理学和学校教育理论的指导下，以专业知识为基础，掌握从事学科教学的基本要求，形成独立从事学科教学工作的能力。这些技能主要包括以下五个方面：

（1）教学设计能力；

---

❶ 郑肇桢. 教师教育 [M]. 香港：香港中文大学出版社，1987：58-59.
❷ 胡森. 国际教育百科全书：第9卷 [M]. 贵阳：贵州教育出版社，1990：182-183.

（2）应用教学媒体能力；

（3）课堂教学技能；

（4）组织、指导学科课外活动的技能；

（5）教学研究技能。

(三) 教师的专业情意

如果说教师专业知识与专业技能强调的是知不知、会不会的话，那么教师的专业情意则强调的是愿不愿的问题。教师的专业情意，是教师在对教师职业的价值、意义深刻理解的基础上，形成的对这个职业的喜欢、向往的情感与态度，它为教师开展教学与研究工作提供了不竭的动力。

1. 专业理想

教师的专业理想是教师对成为一个成熟的教育教学专业工作者的向往与追求，它为教师提供了奋斗的目标，是推动教师专业发展的巨大动力。具有专业理想的教师对教学工作会产生强烈的认同感和投入感，愿意终生献身于教育事业。具有专业理想的教师对教学工作抱有强烈的责任感，他们致力于改善教育素质以满足社会对教师专业的期望，努力提高专业才能及专业服务水准，努力维护专业的荣誉、团结、形象等。

2. 专业情操

教师的专业情操是教师对教育教学工作带有理智性价值评价的情感体验，它是构成教师价值观的基础，是构成优秀教师个性的重要因素，也是教师专业情意发展成熟的标志。教师的专业情操包括理智的情操，即由于对教育功能和作用的深刻认识而产生的光荣感与自豪感；道德的情操，即由于对教师职业道德规范的认同而产生的责任感与义务感。

3. 专业性向

教师专业性向是指教师成功从事教学工作所应具有的人格特征，或者说适合教学工作的个性倾向,包括心灵的敏感性,爱的品质,交流、沟通的意愿,对教育工作的兴趣等人格特质。教师专业性向是教师专业发展的心理前提与素质基础。如果教师的专业性向与教育工作所要求的性向相反,那么其就不可能成为一个合格的教师,而如果教师具有适切的专业性向,则为其成为合格教师提供了更大的可能性。特拉弗斯指出:"对一个师范生来说,假如他个性里充满着潜在的敌意,那他就难以形成教师所应表现的那种热情的、有支持力的而又有条理的行为模式。"[1] 英国的一项研究表明,一个性格上适合做教师的人,尽管他所受的训练并非良好,亦可以成为良好的教师。

4. 专业自我

现在人们越来越重视教师的自我意识或自我价值。教师的专业自我是教师个体对自我从事的教学工作的接纳和肯定的心理倾向,这种倾向将显著地影响教师的教学行为和教学效果。高"自我"的教师,倾向于以积极的方式看待自己,能够准确地、现实地领悟自己和其所处的世界,对他人有深切的认同感,具有自我满足感、自我信赖感、自我价值感。

二、教师专业发展取向

(一) 教师专业发展的理智取向

有学者认为,20世纪80年代美国教育改革的一个突出特点是假定教学专业的"知识基础"已经确立。1986年,霍尔姆斯小组(Holmes Group)和盖奇(Camegie)分别提出报告,认为欲确保教育的质量,必须提高教师的专业水准。霍尔姆斯小组的报告更进一步指出,提高教师专业

---

[1] 吴秋芬. 教师专业性向与教师专业发展 [J]. 教育研究, 2008 (5): 68-72.

水准的重点是明确教师专业的知识基础,"使教师的教育拥有更为坚实的理智基础"。伯林纳(Berliner)1987年在一篇题为《知识就是力量》的文章中,分析了"知识"对于其他一些公认的专业(主要以医学、法律为例)的重要性,并满怀信心地宣布,正是知识和技能使医学与法律专业拥有今天的社会地位和社会权力,而"教育研究也已做好了充分的准备为教学专业带来那样的权力"。在赞同理智取向的学者看来,教师欲进行有效的教学,最重要的是两点:一是自己拥有"内容"(知识、技能、价值观等);二是有知识和技能帮助学生获得这些"内容"——这也就是教学专业最为基本的两类知识——"学科知识"和"教育知识"。因而这种取向的教师专业发展,主要就是要求教师学习掌握某一学科知识和教育知识。

教师专业发展的理智取向是基于这样的基本认识:作为一种理性的活动,教师的教学实践背后有特定的知识作为支撑;教育实践本身是具体的、繁杂的、零散的和流动的,但是作为它的理智基础的知识却是稳定的、简洁的、结构化的,因而也是容易把握的。可以看出,教师专业发展的理智取向是基于这样一种乐观的假设,即教学专业的知识基础已经能够较为坚实地确立起来,而这一点,恰恰是许多学者(特别是立于教育学之外的社会学家)所不能认同的。退一步讲,就算这个知识基础真的已经能够以某种形式确立起来,那接下来的一个问题是:这个知识基础能够如医学、法律等专业的知识基础那样,保证专业活动的实效吗?对于这个问题,似乎也很难做出肯定的回答。不过,教师专业发展的理智取向亦有几个重要的优势值得肯定。

(1)教学专业中"确定性"的寻求。关于教学是科学还是艺术的争论,在教育学术界是一个历史悠久的话题。这场争论反映出教学专业对于"确定性"的需求,这种需求过去存在,现在存在,将来也会存在。为教学专业确定一个科学的、坚实的知识基础,是理智取向的主要关注点,这个追求本身是无可非议的。

(2)关注教师专业发展的实质性内容。秉持理智取向的学者们所作的最大贡献之一是对教学专业之知识基础的分析。这些分析直接关注到教师专业发展的内容（"发展什么"），因而被许多教师教育机构采用为课程设置的框架。

（3）基于理智取向的专业发展方案较易实行。虽然有各种批评，然而，基于理智取向的教师专业发展活动毕竟最易实行，不但易于教师教育机构有组织地予以实施，即使在学校进行非正规的专业发展活动，基于这种取向的方案也最易实施。

（二）教师专业发展的实践—反思取向

实践—反思取向的教师专业发展，主要的特点是对"实践"的关注，强调"实践"本身所包含的丰富内涵。如果说，教师专业发展的理智取向所关心的核心问题是"什么样的知识对于教学是必要的"，那么实践—反思取向所关心的问题则是"教师实际知道些什么"。赞同这一取向的学者认为：

（1）教师是一个具有独一性（unique）的"人"。每位教师都有自己独特的生活史和心理存在，这些独有特质不但客观存在，更是一个人之所以成为教师的重要部分；一个人要成为教师，只靠技术性的技能与知识是远远不够的。

（2）教师个人生活与其专业生活密切相关。对大部分教师来说，他们个人生活与专业生活之间的界线是不甚分明的。教学是一个复杂的过程，教师的生活经验、背景，校内与校外的生活方式，教师的生命周期等均会深刻影响教师对教学的看法。

（3）教师的"个人理论"对于教师的专业活动具有更直接的意义。教师在其专业活动中运用的是整个"自我"（self），因而其"主观的教育理论"（subjective educational theory）在其专业活动中发挥的作用很大。教师"个人实践性知识"、"隐喻"（metaphor）、"想象"（image）、"故事"（story）、"自传"（autobiography）等对教师专业活动发挥的作用，较之客观的知识更为直接和根本。与理智取向形成对比，实践—反思取向对于"教师"这个"人"的关注，要远远超过对"教学"这项"活动"的关注。专业发展的目的不在于外在的、技术性知识的获取，而在于通过"反思"，促使教师对自己、自己的专业活动，乃至相关的事、物更为深入地"理解"，发现其"意义"。因此，教师专业发展更多的是"自造"（self-made），而不是"被造"（be made），教师专业发展不可能完全仰仗"学科知识"的学习或"正规"的教育理论的学习，更大程度上要依赖于"自助"。

实践—反思取向的教师专业发展，主张教师通过写日志（journal keeping）、传记（biography）、构想（picturing）、文献分析（document analysis）等方式单独进行反思；或通过讲故事（story telling）、信件交流（letter writing）、教师晤谈（teacher interviews）、参与观察（participant observation）等方式与人合作进行反思；或以"合作的自传"（collaborative autobiography），即由一组教师一起围绕目前工作的背景、当前正使用的课程、所奉行的教育理论、过去的个人和专业生活等主题写出自我描述性的文字，然后进行批判性的评论。

实践—反思取向教师专业发展的潜在问题在于：（1）实践—反思取向对于专业知识的理解是个人化的、实践的，而这种所谓的"个人知识"或"实践知识"并不一定是有价值的，有时甚至与教育所追求的价值相背离；（2）实践—反思取向对"个人"的强调，过分看重教师个人在教育改革中的责任，而且在实践中更有可能使教师专业发展忽视道德与社会的义务。实践—反思取向的贡献在于：（1）对教师、教学、课程、课程发展采取"实然"的态度，尤其对于教师不做"黑箱"处理，有助于为改革提供一个比较可靠的现实基础；（2）对教师专业发展或对课程发展而言，没有教师本人的参与是不行的，教师应在自己的专业发展和课程发展中占有一席之地；（3）教师的专业发展，宜以某种方式与教师的日常工作相结合，而不是脱离开来。

（三）教师专业发展的生态取向

与理智取向和实践—反思取向相比，生态取向对于教师专业发展采取更为宏观的视角。在这里，常用的术语不再集中于"知识"、"实践"或"反思"，而是"文化"、"社群"、"合作"与"背景"。这种取向对于教师专业发展的具体内容讨论不多，更为关心的是专业发展的方式或途径。

赞同生态取向的学者认为，就教师的专业发展而言，教师发展其专业知识与能力并不全然依靠自己，而会向他人学得许多；教师并非孤立地形成与改进其教学的策略与风格，更大程度上赖于"教学文化"（cultures of teaching）或"教师文化"（teacher cultures），正是教学文化为教师的工作提供了意义、支持和身份认同。因而，在一些学者看来，理想的教师专业发展，应该就是一个文化建设的过程。

如果说，教师专业发展的理智取向的精华之处体现于它对教学专业之（坚实而可靠）"基础"的追求上，而实践—反思取向的精华之处则在于它对教师之日常的、实际的实践（而不是某种理论上的假设）的关注上，那么，生态取向的精华则在于它以更为宏观的视野，开始尝试在制度（或机构）的层面上研究教师专业发展问题。

三、教师专业发展方法

（一）基于合作的教师专业发展

基于合作的教师专业发展是指以某一教学活动为主题，与专家、同伴教师等不同主体一起，通过协同教学、导师制、同伴教练、同伴指导等方式，来开展教学活动，以此提升教学水平，促进教师专业发展，乃至实现学校组织与文化再造的一种发展方式。针对不同的合作内容与发展取向，教师合作可以表现出不同的形式。从学校现有的组织形态来看，教师合作既包括正式的专业组织，如备课组、教研组、年级组等，也包括一些非正式的专业组织，如为了解决共同面临的课堂教学问题、改进教学而组建的课堂观察合作体等。从合作的内容来看，可涉及教师专业发展的各个方面，如课堂教学、课程开发、课题研究、学生管理等。从合作的对象来看，主要表现为新手教师与专家教师之间、同伴之间、专家教师之间的合作，如师徒结对、同伴互导与专家工作室等。

　　一直以来，传统的学校教师文化与教学形态决定了教师是作为独立个体进行教学，具有"专业个人主义"的特点，"你备你的课，我上我的课"。这种情况导致教师长期处于"孤军奋战"的境地，教师间缺乏有效的合作，造成了教育资源的浪费与教育质量的停滞不前，最终造成"教师很辛苦，学生很痛苦，但教学效果却难如人意"的局面，也极大地影响了教师的专业发展。新教师没有合作，就会处于"自生自灭"的状态；中年教师没有合作，专业发展就会停滞不前，不能实现持续的专业发展；老教师没有合作，就会使一些可能陈旧落后的教育理念与行为方式得不到改进。近年来，随着课程改革和教师专业发展研究的不断深入，人们开始认识到要通过合作的教师专业发展方法来改变传统教师的工作方式，促进学校变革。大量的文献研究也已经表明，教师合作不仅有助于教与学的改善以及学校变革的有效实施，更为重要的是，它也为当今的教师专业发展新模式的生成提供了可能。

　　有研究者认为，开展合作的教师专业发展，首要解决的是如何才能合作的问题，因此，认为建构合理有效的教师合作体需要满足四个要素：第一，合作体的建立应出于教师的自觉自愿；第二，合作体应以任务来维系；第三，合作体应将规则视为合作法典；第四，合作体应追求合作各方的互惠。教师的合作过程，主要包括倾听、交流、协作、分享与整合这五个心理过程。倾听指在合作的过程中能够耐心、细致地听取他人的意见和建议，这是获得合作者尊重和信任的方法之一。交流指在合作的过程中就核心和焦点问题进行讨论时大家各抒己见，毫无保留地说出自己的想法，从而在某种程度上达成共识、产生共鸣。这是合作者相互理解的表现，是合作过程创造性的体现。协作指合作过程中从层面、形式或内容上每一位合作主体精诚合作，互帮互助，形成良性互助与竞争的氛围，使每一位教师有"我好，我要比你更好"的竞争心态，而不是"我不好，我也要你不好"的竞争心态。分享指在合作过程的前、中、后期，对过程和经历的一种共享。教学共同体中的每一位教师不可能重复做同一件事，因此相互之间的弥补是必不可少的，你有的体验我没有，那么我可以和你交流分享我的体验，从而使同事在遇到类似的问题时不至于犯同样的错误，可以少走弯路。这是合作者相互体验、相互反思的过程。整合指合作过程中的各要素的不断融合和统整，使各要素发挥最大的功效，体现团队的力量，展现"整体大于部分之和"的魅力。这是合作者之间不断对话和统整的过程。

（二）基于反思的教师专业发展

反思是指主体对教育教学行为及其预期产生的结果所进行的思考。从时间维度上看，可以分为行动前、行动中、行动后的反思；从层次上看，可以分为技术性反思、实践性反思、批判性反思。实际上，反思既是促进教师专业发展的手段，同时更是教师专业发展题中应有之义，因此教师反思能力的培养，是基于反思的教师专业发展更为实质性的内容。研究者提出培养教师反思能力需要达成以下目标：（1）使教师能够分析、讨论、评估和改变自己的实践，对教学持分析的态度；（2）促进教师重视其工作的社会与政治环境，认识到教学是社会与政治情境性事业，教师的任务涉及对这些环境的分析；（3）使教师能够评价课堂实践中内含的道德与伦理问题，包括对自己教学信念的批判性考察；（4）鼓励教师对自己的专业成长承担起更大的责任，鼓励其获得一定程度的专业自主权；（5）促进教师发展自己关于教育实践的理论，形成并理解自己课堂教学工作的理论基础；（6）授权教师，以便他们能够更好地影响教育的未来方向，在教育决策中发挥更积极主动的作用。目前培养教师反思能力，通过反思促进教师专业发展的主要方法有行动研究法、分析性思维实践法、个案研究法、人种志研究法、辅导法、微格教学法、反思日记法、课堂活动与讨论法，等等❶。

波斯纳于1989年提出了一个教师成长的公式：经验+反思=成长，表明了教师的成长与发展需要持续不断地反思已获得的教学经验，没有经过反思的经验是狭隘的经验，至多只能是肤浅的知识。反思性实践或反思性教学是教师成为专家教师的一个重要原因。然而，由于长期以来受技术理性的支配，无论是职前的教师教育，还是职后的教师工作环境，皆使教师不会、不愿、不敢反思。"不会"意指教师对反思的意义缺乏理解，不知道反思的内容和具体对象，缺乏必要的反思技术；"不愿"意指反思是一件痛苦的事情，因为它需要人克服惰性，这种惰性使人倾向于接受已有的价值，同时反思意味着在进一步探讨过程中要暂缓判断，这种悬而未决的状态是痛苦的，需要人愿意承受精神的不安；"不敢"指学校压迫性的缄默文化以及沉重的教学负担使教师不敢反思。随着我国教育改革的深入发展，"教师作为研究者""教师行动研究""教师即反思实践者"等理念的勃兴，昭示了通过实践反思，促进教师专业发展，已经成为教师专业发展的一个主要趋势。

如何开展基于反思的教师专业发展？第一是理论学习。完全凭经验、没有理论支持的教学反思，只能是低水平的反思，只有在适当的理论支持下进行的教学反思，才能真正促进教师的专业发展。在进行反思之前，必须进行有关理论的学习，学习教学反思的有关理论、教师专业发展的有关理论。这种理论的学习不仅发生在教学反思之前，在教学反思的整个过程中，教师都要进行相关理论的学习。在教学反思的过程中，教师还要制订自己的专业发展计划，这也需要教师学习教师职业生涯发展理论等。第二是对教学情境进行反思。教师开展反思应将自己的教学活动和课堂情境等作为认知对象，对教学行为和教学过程进行批判性分析与再认知。教师可

---

❶ 顾明远，梁忠义. 教师教育［M］. 长春：吉林教育出版社，2000：473－480.

以从教学活动的成功之处、课堂上突然出现的灵感所得去反思,更应当反思课堂上、教学活动中所发生的不当、失误之处,也要反思自己教学活动的效果等。第三是自我澄清。教师通过反思,意识到一些关键问题所在之后,应尝试找出产生这些问题的原因。这个过程可以在专家、同伴教师的帮助下完成。自我澄清是促进教师专业发展的核心环节。第四是改进和创新。即教师根据产生的问题及其原因,尝试提出新的方法、方案。这个环节是对原来的教学方法的改进和创新,通过改进和创新使教师的教学活动更趋合理。第五是开展新的尝试。教师把新的方法用于教学活动,这实际上是开展新的行动,开始一个新的循环。通过这样的多次循环,才能不断提高教学水平,实现教师的专业持续发展。

（三）基于研究的教师专业发展

基于研究的教师专业发展,就是教师通过研究来促进自身专业的发展。这里需要解释的一个问题是：教师也可以作为研究者,进行研究工作吗？因为许多人都认为研究是专业人员（如科学家、教授等）所从事的活动,是一种学术性活动,具有很高的准入门槛,有严格的程序和标准,即"研究中没有业余者的地盘"。但如果认真分析日常用语,就会发现人们经常使用"研究"这个词,比如"这个事情我去研究一下","这次会议还讨论、研究了其他事项",等等。因此,从广义的角度来理解,我们实际上可以把研究理解为与日常工作、生活实践密切相关的一般性探究、钻研、反思活动。具体到教师这一特定的群体时,他们无论是在备课、上课还是批改作业、与学生谈话中,都需要不断地揣摩、思考,因此教师的教学工作过程就是一个研究的过程。在这种情况下,教师从事研究就不再是一项强迫的任务,而是自身成长和教学实践的内在需要。正是在这种视角下,我们认为,教师可以也必须基于研究来促进自身的专业发展。

苏霍姆林斯基指出："凡是感到自己是一个研究者的教师,则最有可能变成教育工作的能手。如果你想让教师的劳动能够给教师一些乐趣,使天天上课不致变成一种单调乏味的义务，你就应当引导每一位教师走上从事一些研究的这条幸福的道路上来。"❶ 自20世纪70年代以来，"教师即研究者"的理念已经广为流行，并日渐深入人心。开展研究对于教师的专业发展具有非常大的影响，主要表现在：第一，开展研究有利于教师不断积累实践知识来改进教学工作和提出切实可行的教育改革方案；第二，开展研究能够提升教师的自我反思意识和能力；第三，开展研究能够提高教师的创造能力；第四，开展研究能使教师从"必然王国"逐步走向"自由王国"并体验自我价值实现的愉悦；第五，开展研究有利于克服职业瓶颈。

如何基于研究促进教师专业发展？换言之，就是教师如何来开展相应的研究工作？如前所述，教师开展的研究与科学家等开展的研究是不一样的，教师开展的研究是一种与日常工作生活密切相关的探究性活动。那么，教师开展教学研究是否也需要研究方法和规范，或者说，是否有专门适合中小学教师的研究方法和规范呢？

对这个问题有两种比较流行的观点。一种观点认为，教师研究不需要规范的研究方法。另一种观点则认为，教师研究要有研究规范，但不需要像专业研究人员那样的规范，因此需要有一套适合中小学教师的研究方法和规范。持以上这两种观点的人往往喜欢用"行动研究"这个概念来描述和定义中小学教师所从事的研究，并认为教师的行动研究与常规的研究是不一样的，是适合中小学教师的"另外一类"研究。

然而，以上这两种观点都不是非常准确和全面的。第一，既然是研究，那么就必然有研究方法和规范，这是不以具体研究者的身份而变换的基本道理。第二，不宜人为地去划分和界定大学教授和中小学教师的研究方法和规范。事实上，作为教育科学研究方法，基本准则和规范是统一的。至于许多人所倡导的行动研究方法，它的贡献主要在于突出了中小学

---

❶ 苏霍姆林斯基. 给教师的一百条建议[M]. 杜殿坤, 译. 北京：教育科学出版社, 1984：493－494.

教师所从事的教学研究的某些重要特征，如强调研究结果直接应用于实践，把研究与日常教学行为紧密结合起来等，但它依然还不是一套"另外的"研究方法和规范[1]。正如博格（M. Borg）所说，行动研究其实是"实践者用科学的方法解决教育实践问题"。所以，在我们看来，与其他研究一样，中小学教师所从事的研究也同样需要遵循一定的研究方法和规范。而且也并不存在一套专门适合中小学教师的研究方法和规范。因此，中小学教师可以遵循研究的一般程序与规范，针对教育现象开展相关的教育研究，在这个过程中促进自身的研究能力不断提升，同时促进专业持续发展。培养教师的研究能力是必然趋势，主要可从以下几方面入手：第一，调整职前教师教育的课程结构，改革教育课程内容，增设教育研究课程和教育研究方法类课程；第二，调整教师职后教育的课程结构和培训形式，开展研究性的教与学，增强教育研究方法课程的实践性与实效性；第三，利用校本教研发展教师研究能力，如课例研究、反思性教学、行动研究。

四、教师的专业地位

（一）教师专业地位的法律规定

在1966年国际劳工组织与联合国教科文组织联合发表的《关于教师地位的建议》中提出"教师工作应被视为一种专门职业"之后，发达国家在推进教师专业化进程中，常以法律的形式规定教师的专业地位，同时创造条件、采取各种激励措施保证专业发展成为中小学教师应有的权利。《中华人民共和国教师法》（以下简称《教师法》）指出，"教师是履行教育教学职责的专业人员"，第一次从法律角度确认了我国教师的专业地位。1999年，我国正式颁布的第一部对职业进行科学分类的权威性文件《中华

---

[1] HAMMERSLEY M. Action Research: a Contradiction in Terms? [J]. Oxford Review of Education, 2004, 30 (2).

人民共和国职业分类大典》，将教师认定为"专业技术人员"。按照《教师法》第 7 条的规定，我国教师享有以下权利：

（1）进行教育教学活动，开展教育教学改革和实验；

（2）从事科学研究、学术交流，参加专业的学术团体，在学术活动中充分发表意见；

（3）指导学生的学习和发展，评定学生的品行和学业成绩；

（4）按时获取工资报酬，享受国家规定的福利待遇以及寒暑假期的带薪休假；

（5）对学校教育教学、管理工作和教育行政部门的工作提出意见和建议，通过教职工代表大会或者其他形式，参与学校的民主管理；

（6）参加进修或者其他方式的培训。

其中，第 7 条第 3 款规定赋予了教师在教育教学过程中的主导地位。教师在教学大纲和教学计划的指导下，根据学生的接受能力和教学内容的特点自主组织教学和选择教学方法是《教师法》赋予教师的权利，任何人都不得侵犯教师的这一权利。

此外，在《教师法》中，除了第 7 条所列举的权利，还在其他条款中规定了一些教师应当享有的权利，如在培养和培训、工资水平、各种福利待遇以及奖励等方面赋予教师的权利，当教师的合法权益受到侵犯时可以通过一定渠道提起申诉的权利等。权利的享有和实现要以履行各项义务为条件，因此法律也相应地规定了教师应履行的义务。《教师法》第 8 条规定了教师应当履行下列义务：

（1）遵守宪法、法律和职业道德，为人师表；

（2）贯彻国家的教育方针，遵守规章制度，执行学校的教学计划，履行教师聘约，完成教育教学工作任务；

（3）对学生进行宪法所确定的基本原则的教育和爱国主义、民族团结的教育，法制教育以及思想品德、文化、科学技术教育，组织、带领学生开展有益的社会活动；

(4) 关心、爱护全体学生，尊重学生人格，促进学生在品德、智力、体质等方面全面发展；

(5) 制止有害于学生的行为或者其他侵犯学生合法权益的行为，批判和抵制有害于学生健康成长的现象；

(6) 不断提高思想政治觉悟和教育教学业务水平。

（二）教师专业地位的学理分析

关于教师的专业地位，实质上探讨的就是教师这个职业的专业性问题。尽管许多国家和地区从法律上规定了教师是专业人员，但许多研究者仍然认为教师这个职业离专业还有很大的距离。这主要涉及如何看待与界定"专业"的问题（见表3-2）。在社会学中主要有三种分析架构来分析职业的专业性问题，即"特质模式"、"权力模式"和"历史模式"，这里我们主要介绍"特质模式"。特质模式是在结构功能主义理论的指导下，以医生、律师等社会公认的成熟的专业作为理想模型，从中归纳出一系列的专业特质，以此建立起一套具有普遍性的专业特质量表，用来度量职业群体的专业化程度，并判定哪些职业是专业。如1948年美国教育协会提出了如下八条衡量专业的标准：(1) 含有基本的心智活动；(2) 拥有一套专门化的知识体系；(3) 需要长时间的专门训练；(4) 需要持续的在职成长；(5) 提供终身从事的职业生涯和永久的成员资格；(6) 建立自身的专业标准；(7) 置服务于个人利益之上；(8) 拥有强大的、严密的专业团队。与这些专业标准相比，教师专业在其知识基础、服务理想、与客户的关系、同业人员的相互影响、团体性等方面存在诸多不足，因此有研究者认为教师职业只能称为"准专业"或"半专业"，其专业成熟程度与护士、社会工作者的水平相当。但这恰恰也说明教师职业的专业性质已不是"有""无"的问题，而是专业化程度高低的问题。

表 3-2 专业与职业的区别

专 业	职 业
工作实践以专门知识和专门技术为基础	工作实践以经验和技巧为基础
工作过程需要心智和判断力	工作过程以重复操作为基础
工作需要自主权	工作需要服从指挥
专业工作者需要接受高等教育，学习高深学问和专门知识	一般从业人员通过学徒培训即可
工作需要不断更新知识、掌握新工具方法	工作中日益熟练和灵巧
从业资格不易获得	从业资格容易获得
服务社会	谋生手段

资料来源：董丽敏，高耀明. 教师职业生涯周期[M]. 北京：中国轻工业出版社，2005：序Ⅱ.

为了提高教师的专业地位，西方发达国家在 1980 年之前，采取的是群体专业化策略，即着力于提高教学工作的专业化水平。这一过程又存在两种不同的取向：一是侧重于通过订立严格的专业规范制度提升专业性的"专业主义"取向；二是侧重于通过谋求社会对教学工作专业地位的认可来获取专业性的"工会主义"取向。这一时期对教师专业化问题的讨论与实践总体上来说是以功能主义为其哲学背景的，主要从社会学立场开展讨论，关注的是专业的历史发展、专业资格审定、专业组织、专业守则、专业自主等。1980 年之后，随着功能主义的日渐式微，教师专业化的重点从群体转向个体，从社会学立场转向教育学立场。教师个体的专业化也经历了一个重心转移的过程，先是强调教师个体的被动专业化，后来才转向强调教师个体的主动专业化，即教师专业发展。教师专业化的教育学立场虽然在根本上不排除以实现专业社会、经济地位的提升和争取资源与权力的分配为目标，但更关注教师的专业知识、专业能力的提升。

（三）教师专业地位的现实情况

如前所述，一个职业作为专业，专业群体应具有较高的社会、经济、政治地位。从我国教师职业的现实情况来看，由于我国教师教育发展水平不高，教师专业训练不足，训练过程还存在各种问题以及人们长期以来形成的对教师职业的一些错误认识，人们对教师职业的价值认识不足，甚至贬低教师劳动的社会价值与作用，致使教师职业在人们心目中未得到应有的地位和尊重。

在社会地位方面，从历史上看，虽然历代封建帝王均把"天、地、君、亲、师"并提，给教师以极高的礼遇，但是在古代民间还流传着"一官、二吏、三僧、四道、五医、六工、七猎、八农、九儒、十丐"的说法。现在党和国家已经明确地给予教师很高的社会地位，并多次重申一定要解决教师的实际问题，改善教师的待遇，使教师"真正成为社会上最受人尊敬、最值得羡慕的职业之一"，这应该说表达了我们整个社会的良好愿望。

在经济地位方面，由于历史与现实的种种原因，我国教师的经济收入始终处于较低的水平，20世纪70年代末期甚至出现了教师与体力劳动者收入倒挂的现象。改革开放以后，随着对教育工作重要性认识的加强，国家开始关注教师的生活状态及工资收入等问题，也为提高教师的生活水平、改善教师生活待遇做了很多工作。国家先后多次提高各级各类学校教师的工资待遇，增加各种津贴补助，实行结构工资，允许学校为教师设置绩效工资等。但同其他行业相比，教师的工资仍然偏低，尤其是在西部省份和经济欠发达的偏远农村地区，教师还挣扎在温饱线上，甚至在一些地区还出现拖欠教师工资的现象，教师的经济待遇没得到改善。

在政治地位方面，我国自1985年设立教师节以来的30年间，在教育改革和发展的进程中有关教师的法律法规不断完善，先后颁布实施了《义务教育法》《教育法》《职业教育法》《高等教育法》《民办教育促进法》等有关教师的法律。特别是1993年专门颁布了《教师法》，第一次全面地对教师的权利和义务、资格和任用、待遇、奖励等方面作出了法律上的规定，要求"各级人民政府应当采取措施，加强教师的思想政治教育和业务培训，改善教师的工作条件和生活条件，保障教师的合法权益，提高教师的社会地位"，提出"全社会都应当尊重教师"。《教师法》的出台，为我国尊师重教提供了法律依据，也为提高我国教师的地位提供了有效的保障。

五、良好师生关系的构建及其意义

师生关系是指教师和学生在教育教学过程中结成的相互关系，包括彼此所处的地位、作用和相互对待的态度等。它是一种特殊的社会关系和人际关系，是教师和学生为实现教育目标，以各自独特的身份和地位通过教与学的直接交流活动而形成的多性质、多层次的关系体系。良好的师生关系不仅是顺利完成教学任务的必要手段，而且是师生价值、生命意义的具体体现。

（一）师生关系的特点与类型

1. 师生关系的特点

（1）尊师爱生，民主平等。

尊师爱生、民主平等体现了师生在教育过程中相互尊重人格和权利、相互开放、平等对话、相互理解、相互接纳的关系。这是教育活动的基础和出发点，而这一点在传统的师生关系中由于功利主义和工具主义的盛行而受到扭曲。教师与学生只有在平等互尊的基础上，才能彼此敞开心扉，进行真正的对话与沟通，从而达到相互理解的境界。教师与学生在教学过程中，不只是知识的授受，而且包含情感的交流、智慧的碰撞等，这些都是在平等互尊的交往中完成的。在这种关系中，教师不再是知识的权威者及教学过程的主宰者，也不再是学生的对立面，而是"平等中的首席"；不但要体现教师的人生价值，学生也会在教学中体验到平等、自由、民主、尊重、信任、友善、理解、宽容、关爱，同时受到激励、鞭策、鼓舞、感化、召唤、指导和建议，形成积极的、丰富的人生态度与情感体验。平等互尊不仅是现代社会民主化趋势的需要，而且是教学生活人文性的直接要求和现代人格的具体体现。

（2）相互启发，合作对话。

以往的师生之间的人际关系突出表现为领导与被领导、权威与听众的关系，教师和学生是上下级的尊卑关系，彼此之间缺乏平等的交流和对话，学生在这样的人际关系中生存会导致主体性丧失。而在合作对话关系中，教师和学生以完全平等的地位、真诚信赖的态度协同开展教学活动，学生在没有任何强制的条件下，充分发挥主动性和独立性，使学习在高效状态下进行。在这种关系中，教师从不作为知识的占有者和给予者，而是通过合作与对话启迪学生的智慧。对话的本质并非将一种观点强加于另一种观点之上，而是改变双方的观点，达到一种新的视界。因此，真正的对话总是蕴含着一种伙伴关系或合作关系，会将学生从教师单独控制的思想牢笼中彻底解放出来。在自由的对话中，死寂沉闷的传统课堂为充满生命活力和魅力的课堂生活所取代。通过对话，教师的学生及学生的教师等字眼不复存在，新的术语随之出现：教师学生及学生教师。在对话中，言说者和倾听者的关系是相互转化的，即学生不只是倾听者，教师也不只是言说者，二者都可以是倾听者与言说者，这样，师生就构成了真正的相互交流、相互理解的对话关系。这种师生关系彰显着一种真正的民主式对话教学，对话双方没有高低之分，只有双方的相互启发。

（3）相互促进，共同成长。

相互促进，共同成长表现出师生关系的崭新特点。在这种师生关系中，教师不仅是讲授者，其本人也受到教益，学生在被教的同时也反过来教育教师，他们在课堂生态系统中共同展现着自身的生命价值，在充分发掘自己的生命潜能中共同生长、共同进步。《礼记·学记》就指出："学然后知不足，教然后知困。知不足，然后能自反也；知困，然后能自强也。

故曰：教学相长也。"在教学过程中，教与学两方面互相影响和促进，都会得到提高，教师和学生都能够在双方共同构建的教学活动中不断进行吸纳、总结、反思，形成彼此受益、互惠互利、互动双赢的教学关系。

2. 师生关系的类型

师生之间的现实关系是不断变化和丰富多样的，可以从哲学、教育学、心理学、文化学、管理学、社会学、政治学等多学科视角进行探讨，师生关系也就相应地表现为多种类型。以下对师生之间的社会关系、教育关系、心理关系、伦理关系进行简要论述。

（1）社会关系。

以年轻一代成长为目标的社会关系，是师生关系在教育教学中的反映。

第一，师生之间存在代际关系。教师代表着上一代人特别是父母对下一代负有的关心、爱护的责任和义务，学生需要依靠教师才能缩短不成熟期，更好地社会化，成为未来人类社会发展的现实力量。

第二，师生之间存在政治关系。师生关系总是在一定的时代背景下产生的，其性质总是由社会的整体性质来规约的。具体来说，教师的教育和学生的发展不能离开一定社会的政治需要，师生关系要反映社会的政治需要，包括培养公民素质或政治人才。

第三，师生之间存在文化的授受关系。教师闻道在先，术业有专攻，是人类已有文化的掌握者，而学生拥有的文化资源相对不足，这种文化势差客观上使教师和学生构成传授和接受的关系。

第四，师生之间存在道德关系。教育教学过程中师生的活动必然受到社会道德规范的约束，如对公平、正义、秩序等，教师和学生都必须共同遵守。同时教师和学生之间的交往也必须合乎教育内部的道德规范。教师作为教育者还必须把自己的道德作为一种有效的教育资源，发挥其示范、陶冶的作用。

第五，师生之间存在法律关系。教师和学生作为公民具有法律保护的权利、义务、责任，学生作为未成年人，还拥有《未成年人保护法》等法律赋予的权利。教师要尊重和维护学生的权益，学生也要尊重教师的合法权利。

（2）教育关系。

以直接促进学生发展为目的的教育关系是指教师和学生在教育教学活动中为促进学生的整体发展和自主发展而结成的教育与被教育、组织与被组织、引导与被引导等主体间的关系。

第一，从教育过程的主体作用来说，教师和学生是教育和被教育的关系。教师和学生都是教育过程的主体，但主体作用不同。教师作为专业人员是整个教育活动的促进者、组织者和研究者，是领导学生学习、促进学生主动发展的人。学生一般是参与者、学习者，同时又是学习的主人和自我教育的主体。

第二，从教育作为一种组织来说，教师和学生共同生活在学校、班级、教室等社群中，构成组织和被组织的关系。教师是这些社群中的"领袖"，因此保持必要的权威，维护一定的秩序，对于集体凝聚力、团队精神的形成起着至关重要的作用。所以，总体来看，是教师组织学生而不是学生主导集体。

第三，从教育活动的展开来说，教师和学生是一种平等的交往关系和对话关系。教师与学生主要是通过语言交往、精神交往来传递信息、表达思想和完成教育教学目的的。通过对话，双方都获得了理解和沟通，获得了精神的交流和意义的分享，最终实现了各自精神的发展。

（3）心理关系。

以维持和发展教育关系为目的的心理关系包括人际认知关系、情感关系、个性关系等。师生心理关系的实质是师生之间的情感是否融洽、个性是否冲突、人际关系是否和谐。

第一，师生之间的认知关系是师生心理关系的一个重要方面。师生之间的认知和评价具有相互反馈的特点。教师对学生的认识影响学生对教师的认识，反之亦然。师生彼此间在教育活动中达到积极肯定的认知和相互理解，有利于教育目的的实现和教育任务的完成。

第二，情感关系是师生心理关系的另一个重要方面。它是伴随着教学活动的开展而自然形成的，是教学活动中一种客观而基本的师生关系，受到教学过程和结果的直接影响。富有魅力的教学过程和高效优良的教学结果，会促进师生情感关系更加融洽和谐，反之，则可能使师生情感关系恶化。

（4）伦理关系。

师生之间的伦理关系是指在教育教学活动中，教师与学生构成一个特殊的道德共同体，各自承担一定的伦理责任，履行一定的伦理义务。这种关系是师生关系体系中最高层次的关系形式，对其他关系形式具有约束和规范作用。学生道德观念的很大部分是从教师那里直接获得的，教师会潜移默化地对学生施以道德方面的影响，这就需要教师不仅有广博的知识，还应该有高尚的人格和正确的道德思想，而这正是建立良好的师生伦理关系的关键。从古代社会的尊师重道、爱生忠诲到现代社会的尊师爱生、教学民主，都证明教育中师生伦理关系的客观存在。伦理关系既是教育文明的重要标志，又是顺利开展教育活动的必要保障。教育中的师生伦理关系，既是社会伦理关系的投射，又体现着教育的伦理特性。目前中小学存在的师生关系类型如表3-3所示。

表3-3　目前中小学存在的师生关系类型

类　型	师生相互态度	师生感情关系	师生课堂合作状态	效　果
对立型	教师简单、粗暴，学生畏服	学生情绪不愉快，师生关系疏远、紧张、对立	教师不允许学生有不同意见，往往以教师的主张、决定为准；学生主动性、积极性受到压抑，独立思维受阻	师生交往呈明显的单向型，易发生冲突，教学效果极差

续表

类型	师生相互态度	师生感情关系	师生课堂合作状态	效果
依赖型	教师以领导者自居，学生采取服从态度	师生之间感情平衡，无冲突	教师包揽一切活动，学生跟着教师设计的路子走，明显缺乏学习的主动性、创造性	从知识的掌握来看，有一定的教学效果，但学生独立思考、独立解决问题的能力差
自由放任型	教师对学生没有严格要求，放松指导责任，学生对学习采取自由态度	课堂气氛淡漠	教师让学生自主学习，学生各行其是，教师能够解答学生的问题，但不能给予及时的正确指导，不认真检查学习结果	教学效果不佳
民主型	教师对学生严格要求，热情、和蔼、公正，尊重学生，发扬教学民主；学生尊敬教师，接受指导，主动自觉进行学习	情绪热烈、和谐，课堂气氛活跃	师生之间呈现积极的双向交流，学生积极思考、提出问题、各抒己见，教师认真引导	教学效果良好

综上所述，师生关系可分为社会关系、教育关系、心理关系和伦理关系，其中教育关系是一种基本关系，其他师生关系皆服务于这一关系。社会关系是一种背景关系，是教师和学生作为社会人的身份和角色在教育教学中的直接反映，具有规范性、稳定性特点，常以比较强硬的方式投射到师生之间的教育关系、心理关系和伦理关系之中。心理关系是教育关系的基础和深化，常以内隐方式、感性方式反映社会关系并直接影响教育关系，与前两种关系相比，它具有情境性、弥散性等特点。伦理关系是社会伦理关系的投射，对其他关系形式具有约束和规范作用。

（二）良好师生关系的构建

师生关系总是建立在一定社会背景之中的，与师生双方密切相关，受多种因素的制约。但就教育内部而言，教师在师生关系建立与发展中占有重要地位，起着主导作用。所以，良好师生关系的建立和发展，更主要地取决于教师的作用。教师在良好师生关系构建中，应做到以下几点。

1. 树立正确的学生观

学生观就是教师对学生的基本看法，它影响教师对学生的认识、态度与行为，进而影响学生的发展。因此，教师必须转变传统的角色心理和行为定式，树立正确的学生观。传统的学生观将学生视为被动的受体、教师塑造与控制的对象，学生在教育中处于边缘位置，对学生的教育是规范、预设的。现代学生观认为，学生都有巨大的发展潜力；学生因其不成熟性而具有成长价值；学生具有主体性，特别是创造性；学生是权责主体，有正当的权利和利益；学生是一个整体的人，是知、情、意、行的统一体。正确的学生观来自教师对学生的观察和了解，来自教师向学生的学习和对自我的反思。

2. 了解和研究学生

了解和研究学生是形成良好师生关系的基础。它包括了解学生个体的思想意识、道德品质、兴趣、需要、知识水平、学习态度和方法、个性特点、身体状况和班集体的特点及其形成原因。为了能有效地理解学生，教师必须经常与学生进行心理换位思考，设身处地为学生着想，这样才能理解学生的想法，耐心听取学生的意见，满足学生的正当要求，使学生感到教师对他们的支持与认可，从而也使教师得到学生的拥护和爱戴。

3. 热爱尊重学生，公平对待学生

爱是教育的灵魂，是教育的原动力，是照亮学生心灵的点点灯光。胸

怀真正教育爱的教师会让学生从灵魂深处生发出高度自觉的内驱力和自策力，从而赢得学生的心理认同和由衷钦佩。爱能在教师与学生之间建立起一种相互依存、相互协调的情感纽带，使学生的精神格外充实，使教学由单一的认知方面进入全面的心灵对话，因而教育爱在教学中具有极为重要的意义。热爱学生包括热爱所有学生，教师应对学生充满爱心，经常走到学生之中，忌讳挖苦、讽刺学生、粗暴对待学生。尊重学生特别要尊重学生的人格，保护学生的自尊心，维护学生的合法权益，避免师生对立。教师处理问题必须公正无私，使学生心悦诚服。

4. 主动与学生沟通，善于与学生交往

师生关系一般要经历生疏、接触、亲近、依赖、协调、默契等阶段。师生初次接触难免有生疏感，学生难免有敬畏心理，教师应善于打破这种心理障碍，主动创造自然和谐的接触气氛；经过多次良好的接触，学生感到教师平易近人，从而产生愿意同教师亲近的感情；有了亲近感，在学习与生活中教师的诚挚关怀、耐心引导被学生理解，或在共同活动中激发起学生的浓厚兴趣，从而产生感情上的共鸣；师生之间有了感情上的共鸣，再坚持情感的交流，就会把学生引上学习与进步的成功之路，学生必然信赖教师，师生之间心相通、情相近，学生的心窗向他们信赖的老师敞开。这种师生关系是教育成功的结果，也是成功地进行教育的重要条件。教师加强同学生的交往，既要有教育教学活动中的正式交往，又要有在此之外的非正式交往，两者结合，互相补充，才能起到深化师生关系的作用。同时，教师也要注意和学生的心理交往，多和学生谈心、讨论问题，这样才能沟通思想，了解真实情况。总之，良好的师生关系是教师经常深入学生中间，与学生的交往不断深化后得来的。

5. 努力提高自我修养，健全人格

教师良好的文化科学素质是构建理想师生关系的重要因素。扎实而宽厚的基础知识和专业知识是教师进行教育教学的必要条件，也是赢得学生尊重，树立教师威信的重要前提。为此，教师必须加强学习和研究，使自己更加智慧，经常进行自我反思，正确评价自己，克服个人的偏见和定势，培养自己多方面的兴趣和积极向上的人生观，学会自我控制，培养耐心、豁达、宽容、理解等个性品质。

（三）良好师生关系的意义

良好的师生关系是做好教育工作的前提条件之一。良好的师生关系一旦形成，就会发挥十分显著和独特的作用。

1. 良好的师生关系有助于提高教学效果

教育活动是最能体现人与人关系的社会活动。师生关系本身既是人与人关系在教育领域中的体现，更是教师和学生作为人而存在和发展的独特方式，具有无可比拟的教育力量。大量的教育教学实践证明，只具有广博的知识和教育教学能力而不善于同学生建立友好、真诚的合作关系的教师，教育教学不能取得事半功倍的效果。良好的师生关系能够激励师生双方活动的积极性、主动性、创造性和活动热情，有利于形成生动活泼、轻松愉快的教学气氛，有利于提高教学信息传输的效率和速度，是有效地进行教学活动，完成教学任务的必要条件。在这种和谐的关系中，师生双方感情融洽，亲密合作，教师会"诲人不倦"，千方百计把学生教好，学生会亲师信道，"学而不厌"，愉快地接受教师的教育。

2. 良好的师生关系有助于提高教师的威信

教师威信对学生成长有很大的作用，对教师的依赖与信任也是教育教学取得良好效果的重要前提。教师威信受很多因素的影响，却深深扎根于良好的师生关系之中。良好的师生关系有助于师生双方对教育目标、工作任务的认同，避免和消除人际冲突，有助于相互间减少摩擦，消除矛盾，形成和谐的关系，提升学生的集体归属感和荣誉感。

3. 良好的师生关系有助于师生心理健康发展

良好的师生关系能使学校、班级产生温馨和谐的气氛、奋发向上的生机，使师生的心情欢畅、携手前进，使不良思想和行为得以淡化、抑制，既有利于学生的身心健康，又有利于完善人格的形成。同时，老师由于得到学生的尊重支持而感到欣慰、受到鼓舞，内心充满愉悦而不断产生向上的动力。

4. 良好的师生关系有助于优化校园文化

师生关系是学校中最基本、最重要的人际关系，是一所学校的精神风貌，即校风、教风、学风的整体反映和最直观反映。师生关系状况投射出学校的价值取向、人际关系状况、管理水平等。师生关系作为校园文化的组成部分，对学校精神文化的建设、对学生在校的发展和今后的成长都起着重要的作用。

六、口才教师专业素养训练

课程目标是课程设计与实施的起点和归宿，它贯穿整个课程开发的全过程，具有明确的导向与调控功能。儿童口才培养培训课程目标指导和影响与儿童口才培养培训相关的诸多活动，决定着课程发展的方向，既是编选测试培训教材、组织教学过程和选择教学方法的依据，也是检测课程效果的标尺。概括而言，合理的课程目标是儿童口才培养培训课程开发的关键所在，能有效保证儿童口才培养培训课程沿着正确的、科学的轨道发展。

教育目的的社会制约性，是马克思主义关于教育目的的基本观点。儿童口才培养培训课程的目标受社会生产生活的制约，反映了一定社会在口才培养方面对培养人的基本要求。任何个体的成长都是一个不断社会化的过程，学习者个体的发展总是与社会发展交织在一起的。不同历史时期、不同地区，社会对口才的需求不同，社会成员对口才学习的期望不同，教育传统和语言教学经验也不尽相同，因此，当代社会生活的需求是儿童口才培养培训课程目标的重要依据。

儿童口才培养培训课程作为一门独立完整的学科，它是一门多学科交叉的应用语言课程，其课程目标就要汲取相关学科的成果，着力于语言的应用；它是一门以能力训练为主线的实践性课程，就要以训练为主要手段、以技能培养为目标。也就是说，儿童口才培养培训课程自身的性质，决定着课程目标的确立。

课程的一个基本职能就是要促进学生的身心发展，因此，课程目标的制定需要以学习者的需求为依据。由于儿童口才培养培训课程的学习对象既具有年龄阶段的差异性，又具有个体间的差异性，所以，确定学习者需要的过程本质是尊重学习者个性差异的过程。泰勒在谈到研究学习者需要时将其描述为两步："第一，了解学生现状；第二，将现状与常模作比较，以确认差距和需要。"对儿童口才培养培训课程的学习者而言，参加儿童口才培养培训是为了日常交际，还是为了参加获取理想的测试等级？学习者现有的口才水平是高还是低？学习者学习口才是出于外在的压力还是内在的兴趣？学习者的相关教育背景是否相近？学习者的个体差异也会带来学习上的差距。教育是一个主动的过程，只有当外部对学习者客观需要的认识与学习者自身的认识相一致，只有当课程与学习者内在的需要、兴趣相适应时，学习才能发挥其最大的功效。因此，分析学习者的需求，也是制定客户目标的重要依据。

社会、学科、学习者这三个因素是交互作用的，对任何单一因素的研究结果都不足以成为课程目标的唯一依据。过分强调某一因素，也会走向极端。实际的儿童口才培养培训课程目标是三种课程目标取向不同程度的融合，这是与语言学习过程的本质相适应的，也是与语言学习目的的复杂性和多面性相适应的。因而，现实的课程目标确立也总是综合取向的。

（一）儿童口才培养培训课程的基本目标

说好普通话是培养儿童口才的基础，《普通话培训测试》中规定了普通话水平测试试卷各部分的测试目的：

1. 读单音节字词。测查应试人声母、韵母、声调读音的标准程度。

2. 读多音节词语。测查应试人声母、韵母、声调和变调、轻声、儿化读音的标准程度。

3. 选择判断。测查应试人掌握普通话词语的规范程度。测查应试人掌握普通话量词和名词搭配的规范程度。测查应试人掌握普通话语法的规范程度。

4. 朗读短文。测查应试人使用普通话朗读书面作品的水平。在测查声母、韵母、声调读音标准程度的同时，重点测查连读音变、停连、语调以及流畅程度。

5. 命题说话。测查应试人在无文字凭借的情况下说普通话的水平，重点测查语音标准程度、词汇语法规范程度和自然流畅程度。

儿童口才培养培训课程的基本目标在于使学生掌握标准的普通话语音和规范的普通话语汇语法，具备说标准或比较标准的普通话的能力。就教师而言，要把课程的基点放在培养学生语言表现力和运用语言能力（即动态的口语运用能力）方面，就要了解学习者与课程各因素的关系，以便发挥主导作用。就学生而言，在"教"与"学"双向互动的过程中，要以兴趣、需要、能力、经验为中介实施课程。就儿童口才培养培训课程而言，给学习者有关普通话的基本知识，提高学生理解和运用普通话的能力；结合普通话教学进行语言教育，培养学习者对普通话的认同感和使用热情；指导学习者在学习普通话的过程里丰富语言知识，并提高用普通话口头语言明确地表达思想感情；指导学习者正确地理解和运用普通话，提高口语交际能力，发展学生的语感和思维，养成使用普通话的良好习惯。这些都是儿童口才培养培训课程所要达到的目标。

　　儿童口才培养及培训的目的，归根结底是为了推广普通话，提高中华民族使用民族共同语的水平。儿童口才培养培训课程的主体构成应至少包括施训主体、受训主体和管理主体三者。因此，研究培训课程施训主体的角色与功能，就是要使儿童口才培养员明确自己不但是"裁判""教练""使者"，归根结底还是推普活动的重要"运动员"的角色定位。

　　在以往的普通话教学中，施训主体的能力构建和教学组织特点，大多集中体现在施训主体和受训主体之间基本呈现信息的单向流动特征。单向信息流动基本停留在认知阶段，尚未触及个体能力结构的深层次内容。专业人员的能力结构基本上都由正常人应具的一般能力和专业所必需的特殊能力两部分构成。其中，一般能力指观察、记忆、思维、想象等一般性的认识能力，特殊能力各专业各不相同，对普通话教学施训主体来说，是指结合语言教学特点，从"听"、"测"、"示范"和"正音"四个基本方面入手（重点是示范和正音），在教学过程设计、课中训练实施和课后评测等方面体现出的专业施训能力。另外，由于儿童口才培养培训教学中的交流、互动、模仿主要是在班级内部成员之间进行，而班级内部成员在地域构成、语音基础、年龄情况等各方面存在差异，因此，施训者就要善于在分析与发现受训群体内部语音条件基础上，区分教学层次，在互动中找出受训群体中语音、语感较好的对象展开施训过程。在这里，施训主体的一般能力和特殊能力都同时得到了调动。

　　在常规的语言教学中，教学环节是最初的教学设计在实施过程中的阶段呈现，由于受教学设计囿定，教学环节中虽然有互动，但这种互动大多是"被设计"的，缺乏有效的应变。从理论上说，这种认识基础会较为生硬地割裂教学环节间彼此的联系与变化。教学能力在一定程度上体现为教学过程中的应变能力。对口才教学施训主体而言，教学能力的认识不能只依赖最初的教学设计，不能仅仅满足于教学计划的完成。口才教学作为一种独特的语言训练形态，其理论讲授与实际口语训练是区别于一般教学活动的。在语言教学中，情境的设计与设定，要求施训主体既要在教学活动中努力完成理论的铺陈，又要亲身参与模拟情境营造，使受训者积极参与。如果脱离了这一点，那我们所设计的所谓语言教学能力就会因脱离语言实际，难以达到普通话要求的教学效果。

在教学环节尤其是语言教学环节中，既有师生各自独立的作用，又有师生的角色互换、多种角色合并综合作用力。这种多位一体的心理准备基础是顺利完成口才教学活动所必备的条件之一。这样，"课堂活动也应从'单边'活动变为'双边'及'多边'活动，通过平等参与和学生的主角作用，充分调动学生的学习积极性"。❶ 因此，在教学基础设计完成后，还应注重结合教学实践，不断判断、分析与综合各种在课堂教学情况中动态变化的细节，不断将设计内容进行调整，在诸多互动、变化关系的总和上把握口才教学规律。如果我们只满足于从若干个大纲"标准"和案例"示范"教学环节来生搬硬套，而忽略在动态教学中把握教学目的和施训过程的有机联系，那么就会使"教"与"学"相互割裂，就达不到良好的教学效果。对口才教学受训主体而言，缺乏整体的理解与实践，就容易形成背离教学设计初衷而进行的盲目训练。正因如此，才容易出现这样一种矛盾的现象：一方面，掌握口才教学细节似乎很容易；另一方面，学生受训的总体水平却总不见有多大提高。所以说，认清并分析语言教学施训主体的能力结构，并将之应用到具体教学实践中，是提高普通话施训能力的关键环节。

因此，口才教学施训主体的教学能力应该以教学大纲为基础，并着力在教学过程中尝试应用多种教学手段，设计不同的教学模拟情境，同时密切注意实时动态，调整教学方法，以受训者为接受中心，注重各知识点和教学形式的逻辑关联，要将教学的重心由传统的向学生阐述一大串艰涩难懂的理论知识转移到切实提高学生的口才运用技能上来。只有在教学环节

---

❶ 杨颖. 普通话水平测试培训课程研究［D］. 长沙：湖南师范大学，2013.

设计、语音训练实施和检验反馈上展开教学活动，有针对性地在课程架构、环节设计、施训方式方法等方面下功夫，通过不断分析、综合与改进，并贯穿运用于整个教学活动中，才能更好地贯彻教学意图与巩固教学效果，从而达到语言教学的目的。

（二）提升口才教师施训能力的措施

对于施训者而言，训练的设计、实施以及检测能力，都不是某种单一的能力，而是多种能力的综合体现。三大施训能力的各构成元素之间又有联系交叉的一面，正是在这诸多关系的总和上，可以逐渐分析出施训者的深层能力结构：自身对语言的认知能力、表达能力、课堂组织能力和评鉴能力。如何才能提升施训能力？笔者认为，除了掌握并运用建构主义学习理论，还可以从以下几个方面入手。

1. 严肃对待每个环节

我国方言众多，受训主体在自身素质、语言环境、理论准备和心理状态等方面呈现出复杂的情况，受不同目的驱使，教学过程中其学习动机、态度、学习能力等方面会有参差不齐的表现，这使得一些常规的强化教学手段实施起来的难度偏大。若受训者不投入教学中，教学成果更会在课外弱化甚至消失。因此，口才教学面临着对象复杂、时间紧迫、任务艰巨等多重困难。

这样，施训主体要严肃认真地对待每一个相关环节。每一节课前，不仅要认真地了解受训者基本语音情况、达标要求、过级诉求等，而且要确保自己做好了理论教学与口头表达两方面的充分准备。其中，口头表达虽然是一般教师都必须具备的基本功，但对于儿童口才培养培训的施训者而言，施训者本身的普通话与表达能力就是一个标杆，所以一定要从语音标准、表达流畅、言简意赅等方面做好准备。当然，理论学习、听说能力等各方面需要经过综合协调发展与相互促进，才能达到巩固的目的。课堂教学上，除了从理论知识传授到示范朗读文赏析的各个环节都要注意严格遵循循序渐进的教学原则，还要注意从情感上与受训者形成良性互动。

2. 根据对象特点进行教学组织

语言教学的开放性决定了精心组织的必要性和重要性。口才教学培训施训者除应具备常规条件下课堂组织学生的能力，还应具备与语音训练相关的能力，比如课内外语言训练程序设计的能力和随机调整的能力。教学既要贯彻因材施教原则，又要从不同学生的语音条件的实际出发，根据不同对象、具体情况，采取不同方法，进行分类施教。

同其他形式的教学一样，语言教学的教学任务与目标大多也靠课堂教学的组织来实现，但与其他教学形式不同的是，语言教学更加依赖课堂讲授与互动和课下交流来完成，比如在课堂上组织发散性的语音训练时，如何既能调动受训者的求知欲、表现欲和成就感，激发受训者的训练热情，又能对课堂进行有效调控，不致因发散性过强而秩序混乱，偏离训练目的，而这些都要靠强大的课堂组织艺术来完成。可以说，课堂教学的方法与组织艺术直接决定最终教学质量的高低。普通话教学内容看似简单，技能掌握却实属不易，如何在较短的时间内使教学效果最优化，是困扰施训者的一个经典难题。教学方法的确定又必须依赖具体课堂实际，即受训者的实际、教学组织形式的实际、教学环境的实际，等等。因此，在组织教学前，了解这些实际情况，尤其是了解这些受训者的情况极为重要。

3. 擅长激发受训主体的内在动机

动机分为内在动机和外在动机，一般而言，内在动机更有可持续性，因为它是直接推动学习行为的内部动力，表现为学习的探索意向、学习愿景和天然兴趣。受训者在普通话学习过程中，无论是课堂教学还是课外实践，普遍存在胆怯心理，而强烈的学习动机才会产生积极的学习态度和较强的学习能力，是实施语言教学的前提和保障。因此，对受训主体学习动机的激发与培养，是施训主体在教学工作中的一项重要任务。

激发受训者的内在学习动机，关键在于走出两种典型的认识误区。在口才教学培训中，最容易出现的两种典型认识误区是，要么过于忽视，要么过于畏惧。过于忽视者往往在方言与普通话发音接近的地区长大，原本具有较好的语音面貌，所以往往轻视具体的语音辩证缺陷，结果不能突破自我，难以再上一个台阶。过于畏惧者则往往在方言区长大，且所持母语与普通话有较大差别，于是在"难以纠正"的畏难心理下止步不前。这两种误区都会导致兴趣低下，参与训练的量也相应降低，达不到应有的培训效果。所以，施训者要帮助受训者摆脱不好的心理状态，既不"轻视自满"，也不"羞涩自卑"。

同时，受训者的自我效能感高低也是教学成败的关键所在。要做到这一点，施训者要尽量让受训者"既来之则安之"，施训主体须充分利用教学环境所能够提供的有利设备，着意营造各种表达情境，一方面要身体力行，将受训者逐渐引入一种自然的、宽松的学习氛围中，另一方面要让受训者的言语能力充分地展现出来，要让受训者在进行实战演练的过程中，感受语言之美，培养良好的心理素质。

建构主义教育理论倡导以学生为中心的学习，教师应当成为学生心目中的对话者与协作者，将教育视为教育者与受教育者的互动、一种主体间性实践。根据建构主义教育理论，儿童口才培养培训课程是一种各主体互动作用的主体间性实践。在口才教学课程实践中，儿童口才培养培训课程的各种主体是实践的能动因素。

儿童口才培养培训课程实践中施训主体、受训主体、管理主体的角色定位与功能作用直接关系着课程实践的成败。明确课程各主体的性质与作用，厘清各主体的实体性差异，对将儿童口才培养培训转化为一门科学化、规范化的系统课程，建立和完善相应的儿童口才培养培训课程理论体系有着特殊的意义和价值。受训主体是活动的接受者和课程效果的体现者，而受训主体的学习效果更是推普成效的具体体现。因此受训主体在儿童口才培养培训课程中有着至关重要的作用和地位，是推广普通话工作、开展儿童口才培养工作的关键。受训主体的性质与地位、个体差异及实践影响，受训主体的主体性和能动作用的发挥直接影响到儿童口才培养培训的实际效果。

儿童口才培养培训课程受训主体在方言基础、文化程度、年龄层次、身体状况、性别等诸多方面的实体差异必然会增加儿童口才培养培训课程的教学难度，影响儿童口才培养培训课程的教学效果。在儿童口才培养培训课程实践中必须重视并了解受训主体的这种实体差异，才能科学合理地组织培训，圆满地达到培训课程预期的教学效果。儿童口才培养实际培训中往往忽视受训主体的个体差异，"一锅端"的现象比较普遍。培训形式少，方法单一，缺乏针对性，不能因材施教，造成基础好的受训者水平得不到提高，基础不好的受训者又跟不上课程，进步不大。这样的培训到最后反而造成了受训主体学习积极性不高，主动性不强。

4. 发挥受训主体的主体作用

儿童口才培养培训课程受训主体实体差异和主体性的发挥直接影响儿童口才培养培训课程的教学效果。因此，在儿童口才培养培训课程中应该认识到受训主体的重要性，关注受训群体的特殊性和实体差异，体现受训主体的主体性，这样才能避免训练流于形式，才能切实提高学习质量。鉴于儿童口才培养课程受训主体的特殊性和复杂性，我们应该结合实际，围绕特点，积极探求口才培训切实可行的方法和有效途径，以达到较好的培训效果，实现培训的最终目的。下面将从培训中应该遵循的基本原则、教学内容的选择和教学方法的应用等三个方面来加以阐述和分析。

（1）培训应该遵循的基本原则。

第一，针对性原则：因人而异，因材施教。

课堂教学的效果直接关系到整个教学过程的有效性。有针对性地因材施教是古今代代相传的教育教学基本原则，更是儿童口才培训必须遵循的规律。受训者往往在语音基础、年龄、职业、达标等级等各方面都存在差异，所以在培训中往往就有不同的需求，教师应根据受训主体的不同需求开展灵活的儿童口才培养培训，要根据不同对象因材施教，因地制宜，因时而异，因人而异。

儿童口才培养培训课程的受训主体语音面貌多种多样，语音错误千差万别，这就要求在培训过程中要能够根据不同类型进行分别训练。在编班时尽量考虑学员同质性，将水平、要求、基础相当的受训主体编排在同一班里，教学效果将会事半功倍。所以，培训教师在课前要摸清受训主体的实际情况，大致掌握受训主体的水平及存在的主要问题，再将这些学生按不同水平划分成不同的学习小组，制订相应的培训目标、训练重点、考核原则。

对程度较差，自卑感强，缺乏学习的主动性与参与性的受训主体，尽量多示范，多领读，使其在跟读中掌握字调和句调，以大量的词语训练、朗读、说话练习为主，帮助其树立学习的信心和积极参与练习的勇气，使之取得较好的成绩，并在生活、学习中敢于交流、交际。

对基础较好、学习自觉性较强的受训主体，针对其存在的缺陷，在训练的基础上，深化基础理论学习，通过对比认读，在发音技巧与发音方法上厘清二者的区别和联系，使其从理论上认识到产生缺陷的根源，从而克服缺陷，达到口才质的飞跃，如掌握收声、归韵的知识。此外，还要强调应试的程序性，尽量减少"误读""回读""漏读"等非水平因素错误。

对于水平较高、基础较好的受训主体还可以进行较多的朗诵、演讲、辩论等训练，强化口语训练。

教师必须结合受训主体实际，有针对性地设计教学目标、步骤、内容、方法，主动激发学生的学习兴趣。受训主体的兴趣一旦调动起来，学习就会主动，效率自然高。在训练中注意照顾受训主体的个性差异并采取灵活措施、有的放矢地进行辅导，避免一个模子、一种风格、一味求同，做到因材施教，通过短时间的强化使每个人的口才都有不同程度的提高。

第二，实践原则：精讲多练、实践第一。

"精讲"即儿童口才培养培训应该尽可能避免过多枯燥乏味的理论分析，理论少而精，讲清要点和难点即可。"多练"即安排更多时间让受训主体进行实践练习。口才的提高应该建立在大量实践操练的基础上，应该坚持实践第一的教学原则，"只练不讲"和"只讲不练"都不可取。也就是说，培训时要引导受训主体掌握基本的语音理论知识，但更重要的是要用所学的理论知识去指导实际的发音和正音，让受训主体在不断模仿、练习和应用之中提高普通话水平。

此外，在培训教学中，除了坚持实践第一的原则，还要注意课堂指导同课后自练相结合。声韵调的发音课堂指导主要在于讲解受训主体发音有困难的音素的发音方法、部位，发音时的口形、唇形、舌位及其变化形态，声调的音高变化走势等，要求受训主体掌握相关语音理论知识，运用语音理论指导语音实践，发准发好那些原本不会发或发不好的音素或声调；作品朗读课堂上重在纠正方言语调，将语流中的音变（包括轻声、儿化）、句调、重音、停顿、语速等的指导落实到每一句，同时兼顾声韵调的正音；说话训练则可以课堂轮流上台试说为形式展开。在课堂指导的同时，规定课后的自练目标，把课后自练落到实处。课后要求学生结合教学内容自练，试读培训教材列出的相关词条，对照辨音字表和作品、说话题目，反复试读，掌握规范的语音、语调。这样课堂集体指导和课后个人自练相结合能更好地达到培训目标。

在培训教学中，积极开辟第二课堂也是坚持实践第一原则的重要体现。对于长期班来说，朗诵、演讲、绕口令、注音等围绕语音展开的活动形式都可以成为第二课堂的主要内容，从而提高学生的学习兴趣，培养学生练习口才的自觉意识，营造一个课内外相互支撑的训练平台。在教学过程中，正确地引导受训主体进行多方面的训练，才能切实有效地提高受训主体的口才水平。

（2）教学内容要求安排得当。

儿童口才培养培训教学内容应该主要包括以下几点。

第一，辨正发音，突破难关。对受训主体进行基础语音知识的培训，讲解基础语音的发音要领，找出母语方音与普通话的对应规律，突出训练重点，找出发音难点，进行方音辨正的科学指导，使受训主体在短时间内掌握正音和普通话发音的要领。

第二，培养语感，建立良好的语音形象。如果仅仅把口才教学课程简单地当作字词正音教学未免失之偏颇，包括轻声、儿化、上声变调、"一""不"变调及"啊"在内的语流音变，是形成语感的重要因素。培训中，教师要加强受训主体普通话语流音变的训练，要使受训主体养成读轻声、儿化、上声变调和"一""不"变调及"啊"音变的习惯，不断提高普通话语感，应设法让受训主体多感受、多模仿，形成良好的语音面貌。

第三，加强心理辅导，锻炼良好的心理素质。良好的心理素质是应试成功的保证。在别人面前说话和发言，容易引发说话人的紧张情绪。儿童往往会因缺乏信心而过度紧张，心跳加快，气息不畅，出现思想空白。过硬的本领和良好的心理素质是相辅相成的，胸有成竹才会从容大方，临场发挥才能潇洒自如。自卑、胆怯、局促不安的心情必然影响口语的清晰度、流畅度与标准度，有时还会导致表情紧张，举止慌乱，声音颤抖，气息不稳，思维紊乱，语无伦次。因此，培训时授课老师要重视心理素质的辅导，培养受训主体自信、大胆的良好心理。加强思维训练。语言和思维密不可分，二者相互依存。语言是思维的工具，思维是语言的思想内容，二者相互促进、相得益彰。

（3）灵活运用现代教育手段，探索应用多种教学方法。

现代教育手段是促进教育教学效果突飞猛进的重要手段。口才教学培训中，除了进行必要的理论知识讲解，安排大量的跟读练习，还要借助于磁带、音像、多媒体甚至网络开展丰富多彩的课堂教学。这些现代化教育手段，可以听音辨形、视听结合，有助于打破以往"口耳相传"的形式，可以把抽象的发音要领形象化、直观化，激发受训学生学习、使用普通话的兴趣。利用朗读录音带，让学生反复听辨、模仿一些具有示范性的声像资料，学会正确的发音，训练语感。此外，可以让学生边练边录，自录自纠，自己对照检查，自己纠正，不断进步；让学生与自己以前的录音相比较，可以让学生当场了解学习的结果，可以看到自己的进步，也容易找出差距，改正的速度会快得多，可以增强其学习的自信心，提高学习的兴趣。

（三）口才教师的专业素养与口语理念

1. 口才教师的专业素养

成年的学习者往往会遭遇一个镜像时期。镜像理论是由法国精神医生及精神分析学家雅克·拉康（Jacques Lacan）于1936年提出的。拉康认为，意识的确立发生在婴儿前语言期的一个神秘瞬间，此即为"镜像阶段"。一个1岁左右的婴儿，虽不能控制自己的身体动作，却能认出自己在镜中的影像，也就是说，能够意识到自己身体的完整性。在镜像阶段之前，儿童无法通过自我感知认识身体的完整性，而外在于自身的镜像却为儿童认识自我提供了一个结构性整体。通过镜中之像，婴儿意识到了"我是谁"，从而确立了自我与他人间的对立。不过，镜中之像的显现，是以镜子的反射功能、眼睛的视觉功能及大脑的判断功能为前提的，即镜中之像是在某些预置条件下形成的。正如我们平素照镜子一样，镜子不同，镜子中的自我影像也有差异。一面光滑的垂直立在地上的镜子，能够照出"正常"的人的体形。如果镜面不平或镜子没有垂直于地面，影像就可能发生各种变形。镜子的分辨率还有赖于灯源的角度及光线的强度。因此，从严格意义上说，受训者对于自身口才水平的辨识，很大程度上依赖于教师普通话标准程度、听辨能力强度以及其即时的教学投入程度。

因此，我们不得不承认教育学当前的流行理论："教师是最重要的课程资源之一。"❶ 正如佐滕学所说，无论哪种类型的课程，"在课堂情境中只能靠'教师的课程'——被每一个教师的意识、解释、构想、设计所演绎的课程来发挥其现实的功能"。❷ 课堂教学对于教师十分依赖，教师凭借个人经验视每个儿童的兴趣与能力所作的"临床"指导具有实质性的成长意义。具体到儿童口才培养培训者来说，课堂教学能力应该包括语言感知能力、测试技巧、教学基本技巧和先进教育理念等各方面。其中，教学基本技巧和先进教育理念是所有科目教师的共性，语言感知及测试能力则是普通话测试培训者与其他教师的区分性特征。一般而言，语言感知能力包括捕捉、判别、指误、校正、说明和自我监控六个方面，测试能力是辅助能力。在儿童口才培养培训课堂中，教师既是培训者，也是一个成长者，因为一门课程对教师比对学生更有意义。如果这门课程不能改变、鼓励、困扰以及启发教师，那它对他们所教的学生将不会发生影响。儿童口才培养培训需要这种师生间共生互成的镜像关系。

2. 口才教师的口语理念

课堂内容怎样确定，课时量怎样分配，这在一定程度上决定于施训主体的口语理念。目前，关于口语教学究竟应该以什么为中心，除了传统的声韵中心论外，声调中心论、词汇语法强化论和凸显听力论正在成为新的有一定影响力的口语理念。

《中华人民共和国国家通用语言文字法》颁布实施以来，从法律意义上明确了普通话在我国社会生活诸多领域中的地位、作用和使用范围，明确规定"凡以普通话作为工作语言的岗位，其工作人员应当具备说普通话的能力""对尚未达到国家规定的普通话等级标准的，分别情况进行培训"，规定相关行业从业人员，如播音员、节目主持人、影视话剧演员、

---

❶ 王雁茹. 指向教师核心素养的课程思政指标体系构建与实践路径——基于职前职后一体化的视角 [J]. 中小学教师培训，2022（6）：1-5.

❷ 佐滕学. 课程与教师 [M]. 钟启泉，译. 北京：教育科学出版社，2006：19.

教师、国家机关工作者等必须使用普通话并且达到相应的普通话等级标准,这是我国第一次通过法律形式提到普通话的培训问题。

从教学模式研究上看,"分层教学"是比较受关注的一种。最早提出儿童口才培养培训分层教学的是朱慧(1999),此后,王玲玲(2002)、汪应乐(2005)、谢旭慧(2006)等都曾提倡过这一模式,虽然称呼上有"分层教学""分层次分流""分类教学""分流教学"等细微差异,但都是针对受训者语音基础差异而进行分班或分组教学的教学模式。除此之外,受一般课程教学理论的影响,其他种类的一些教学模式也都有倡导者。吴慧(2007)提出了以搭知识脚手架为基础的"支架式教学"。教学方法上,朱慧(1999)总结了图示法、微格教学法、模拟法、局部标识法、单句练读法、试说轮训法等训练方法。袁晓薇(2002)总结为应该将示范与练习相结合、听说结合、鼓励与督促相结合。胡红(2002)提出要用多种方法来创设最贴近生活实际的语境,以增强说话兴趣,提高说话训练的效果。

儿童口才培养培训课程属于语言课程的范畴,美国课程学者夏特认为,语言课程的构架包括三个组成部分(见图3-1):学习语言(learning language)、关于语言的学习(learning about language)、通过语言学习(learning through language),沟通三者的是语言学习过程"中"的"探究"活动。由这三个部分构成的平衡的语言课程框架,揭示了语言课程的内容及学习途径。

从教学方法上看,语言课程教学可以采用图文结合的形式。例如,可以设计新颖的图画,以图辅助字母音和形的记忆,加强了拼音学习的形象性和直观性。如韵母"a"的教学,旁边配备了一张一名医生给小女孩检查嗓子的图片,小女孩张大嘴巴发出的音就是"啊",而且更巧妙的是,小女孩的头和她扎的辫子正好构成字母"a"的形状,能让学生非常形象地记住"a"的写法;又如,"an"配的图片是天安门的照片,学生只要会说"天安门"的"安","an"的读音也就掌握了。为了让学生理解声母和韵母的拼合，课本上画了两个小朋友将写有声母和韵母的字母卡片推到一起，表示这样合起来就是一个音节。这样的设计深入浅出，符合儿童认知心理的需要，能激发学生的学习兴趣。由于内容简省，方法得当，在教学实践中，一般2~4周就能集中学完拼音的基本内容，很快就转入"拼音识字"阶段。在带拼音识字的过程中，同时学习有实在意义的词语，既能借助词语的意思巩固拼音，又能为今后词语的学习打下基础。如学习"月"，下面就配上"月亮"的拼音；学习"口"，就用"shù kǒu"这个词语的拼音来解释图片和意义。

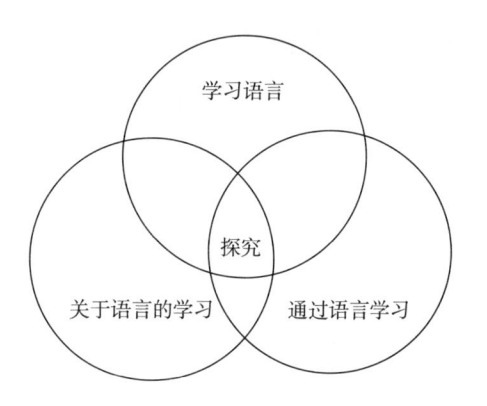

图3-1 语言课程的构架

一般说来，口语的运用可以分成两个层次：技能的获得（skill-setting）和技能的运用（skill-using）。所谓技能的获得就是指掌握说的一些基本要素（语音、词汇、语法结构等），而技能的运用则是指通过说话交流思想。儿童口才培养培训课程要总结普通话口语运用规律，主要是研究以下两方面的内容：一是学习者正确运用普通话语音的能力，包括把握发音原理和发准普通话声母、韵母、声调以及语流音变等的能力，掌握好辨析方音和普通话的能力等；二是学习者正确使用普通话口语的能力，包括学会运用普通话朗读的技能、一般口头表达的自然流畅度以及口语交际中克服心理障碍的方法等。

口才教学课程主要运用语言学等方面的知识解决受训者在普通话测试

和口语交际应用方面存在的问题，可以把它看作应用语言学的一个分支。应用语言学本身就是一门带有多学科性特点的学科，它充分利用理论语言学、描写语言学、心理语言学、社会语言学、数理语言学等学科的成果，解决语言应用中的种种难题。儿童口才培养培训课程是一门研究掌握普通话口语运用规律的课程，口语运用的过程是一个复杂的过程，它是把思维的内部言语转化为自然、准确、流畅的外部语言的过程。这个转化过程可分为构造、转换、执行三个阶段。构造阶段，依照交际目的来确定表达的意思，以明确什么；转换阶段，运用句法规则将思维结果转换成言语的形式；执行阶段，将言语形式的信息说出来。在这整个过程中，确定要说什么和实际说出来的话之间，进行着极其快速似乎难以察觉的转换，想和说几乎是同步进行的。但是，这一过程包含了思维、语言、生理、心理、物理等一系列的活动，它与许多学科的关系都十分紧密。

对儿童口才培养培训课程影响比较大的学科是语言学、语音学、心理学、教育学等，语言学是儿童口才培养培训课程的深层理论基础，语音学理论是普通话水平测试培训课程的最直接的理论基础，心理学和教育学是和儿童口才培养培训课程密切相关的重要理论基础。儿童口才培养培训课程具有综合性，它与语言学、教育学、思维科学、交际学、美学、伦理学、口才学等许多学科都有着密切的内在联系，这些学科的研究成果都大大丰富了儿童口才培养培训课程的理论建设，而儿童口才培养培训课程的大量实践经验，反过来又能促进这些学科的发展。在课程实施中加强与这些学科的联系，走多学科有机融合之路，能更好地担负起培养学习者普通话口语表达能力的重任。

儿童口语能力的培养和提高并非一朝一夕所能完成的，必须经过长期的训练和实践，口语交际是由输入、内化、输出、反馈四个环节构成的循环链，如图3-2所示。

```
输入 → 内化 → 输出
         ↑        ↓
         └── 反馈 ──┘
```

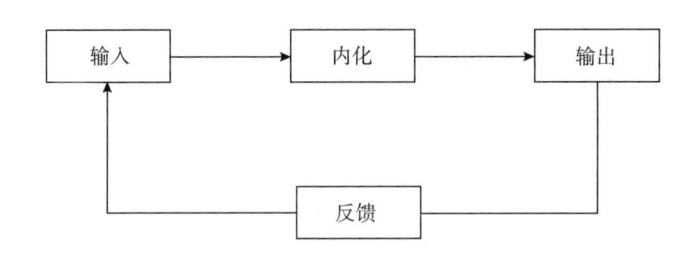

图 3-2 口语交际的循环链

  四个环节循环往复，语言能力才能得到提高。就儿童口才培养培训课程而言，听标准的发音就是"输入"，经过学习"内化"逐步形成一定的语言能力，"内化"程度越高，普通话口语表达能力就越强。语言学习是个主动的问题，光有"输入"，语言难以学好，"内化"而不"输出"，就无法检验学习成果，因此只有通过"输出"，积极、主动地说，语言能力才能进一步提高。通过"输出"检验所得到的反馈信息再进一步学习，如此循环，普通话口语表达能力才能逐步形成与提高。在这个循环链中，每一个环节都离不开训练，"输入"是练听，"输出"是练说，"内化"和"反馈"也要在具体的训练中才能完成。因此，课程实施中必须采取多种方式进行训练。口语的训练不能急于求成，要采取由低到高、由易到难、由简单到复杂、由分析到综合的循环上升式训练方法，按照听说能力的培养、形成以及提高的不同阶段，循序渐进地进行层次化、科学化、系统化的训练。初级阶段主要是听说能力的培养，高级阶段则主要是听说能力的形成和提高。

  综上所述，口才教学课程具有技能性、综合性和实践性强的特点，口才能力的提高，不是立竿见影的事，现阶段，儿童口才培养培训课程整个状态还比较杂乱，课程的基本体系还需要我们在实践与理论思考中不断探索与建构。

  儿童口才培养培训课程是在理论指导下培养学习者在学习和生活中实际运用普通话的能力。普通话有其自身的理论知识，这些理论知识是从丰富的口语实践中总结、研究出来的，正是这些理论知识为学习和掌握普通话提供了条件。然而，该课程不是以讲授理论为主的课程，而是一门以能力训练为主线的实践课程。如果单纯指望通过理论的讲述来实现口才水平的提高是难以想象的，语言的学习更多的是依靠模仿和操练，因此，大量的实践训练是必不可少的。因为任何完美的语言或教学理论，都不能为学习者提供准确运用普通话口语表达的灵丹妙药。

因此，只有在相关语音理论知识的指导下，通过大量的口语训练，让学习者逐步掌握普通话发音的基本规律，具备一定的语音辨正能力，并在此基础上掌握口语交际的一般技能，才能真正实现课程的目标。在教学方法的选用上，应当使应试人感到贴近实际、贴近实践、贴近生活，能切实解决说话过程中遇到的实际问题。口才能力的提高不可能一蹴而就，而且它既没有一成不变的教学模式，也没有绝对有效的训练力法，需要教师在教学实践中根据不同的教学对象和条件，不断探索和寻求最佳的教学效果。

从这个意义上来讲，儿童口才培养培训课程的实施方式是实践性与理论性的有机统一，但更倾向于各种实践性的训练，理论的阐发应当紧扣技能的训练，力求精要，通过多种口语训练的形式和方法，把技能训练落到实处。

如前所述，儿童口才培养培训的对象之间差异极大，同一课程的学习者在年龄、智力、原有教育背景、学习时间和学习压力等方面情况不同，因此，儿童口才培养培训课程的评价必须具有较大的弹性，建立符合学生实际的、灵活的、柔性化的评价指标体系，才能合理地评价教师和学习者的学习成果。

（四）教师语言能力提升

1. 有声语言运用的基本原则

（1）热情。

热情是对表达内容的兴奋之情或激情，使声音听起来富有表现力。表现力是热情的最大信号，通过改变音高、音量、语速等使声音与语言内容、思想情感相吻合，使听众更加理解，哪怕是表达者语义上的细微差别。完全缺乏热情则会造成声音单调，会使交流的气氛沉闷压抑，使听众昏昏欲睡。热情的声音就好像一盆火，听众即使是一块冰也会被烤融化的。

（2）自然。

自然意味着当我们在讲话时对语言的内容和意图要有回应，使语言富有活力、真实。要想做到声音自然，对语言内容的熟悉非常重要，此外，不要死记硬背语言内容，学会自然地表述语言内容，使它听起来好像讲话者在用心考虑语言内容和他的听众。"宁要自然的雅拙，也不要做作的乖巧。"❶ 卡耐基认为，演讲时声音自然，才能把意念表达得更为清楚、更为生动，否则难以引起听众的共鸣。

（3）流畅。

有效的表达不仅是声音热情、自然，同时还应该是流畅的，即没有犹豫和语音干扰。大多数人在语言交流中偶尔会犯语音干扰的小毛病，这些小毛病也就是干扰流利语言的无关声音，如"啊""嗯""呢"等单音节词或"然后""这个""那个""并且"等无实际意义的双音节词。当这些干扰过多时，就会影响听众对语言内容的注意。日常训练时，我们要挑出属于自己的干扰词并用心练习，力求去除这些干扰词。

2. 有声语言运用的技巧

语言交流的效果不仅要靠语言内容本身，合理地运用各种有声语言的技巧手段，也是表达获得成功的关键。

在交际中，常常会遇到一些矛盾的、顾此失彼、难以两全的情况，使人处于两难的境地。例如，我们常会碰到下列情景：既想拒绝对方的某一

---

❶ 刘志敏. 演讲与口才实用教程［M］. 北京：人民邮电出版社，2017：289.

要求，又不想伤害对方的自尊心；既想吐露内心的真情，又不好意思表述得太直截了当；既不想说违心之言，又不想直接顶撞对方；既想和陌生的对方搭话，又不能把自己表现得太轻浮和鲁莽……凡此种种，难以一一列举。但概而言之，都是一种矛盾：行动和伤害对方的矛盾、自己利益和他人利益的矛盾、自己近期利益和长远利益的矛盾。为适应这些情况，产生了各种各样的语言表达艺术，它缓解了这些矛盾。这种表达的语言艺术从表面上看，似乎违背了有效口头表达的清晰、准确的要求，但实际上是对清晰、准确原则的一种必要补充，是在更全面考虑了各种情况之后的清晰和准确，是在更高级阶段上的清晰和准确。语言艺术的具体方法因人、因事、因时、因地而异，没有绝对地适用任何情况的方法。

3. 提高声音质量的方法

（1）认识声音。

有人把人的发声器官比作一架管风琴。肺是风箱，由它提供发声的原动力。气流从肺中自下而上，通过气管上升到喉头，声音就由喉部产生。当人们呼气时，使保护气管开端的肌肉（声带）紧密地挨在一起，以使刺激声带时能够产生振动。这种振动产生了微弱的声音，然后该声音再穿过咽部，以及在某些情况下上升到喉腔时被抬高产生共振。在这里，口和鼻腔就成了管风琴的两人管，它们不但可以起到扩大音量的作用，还可以任意变换音色。这样，共振后的声音被舌头、嘴唇、腭和牙齿这些发音器官改造，从而形成了语言体系中的声音。

我们认识发声器官，了解声音如何产生，目的是要在有声语言的训练中遵循其活动规律，正确发挥其功能和作用，从而有效地利用它来发出富有表现力和感染力的声音，增强语言表达的效果。

（2）影响声音质量的因素。

现实生活中，人们经常能够通过一个人的声音判断出对方的许多信息，如对方的性格涵养、情绪等，有时甚至单凭一个人的声音就去主观地判断这个人的外貌、形象等特征，尽管判断的结果有时与事实不符，但也说明声音具有迷惑性。因此声音质量的高低直接影响听众对语言内容和表达者的接受程度，那么，影响声音质量的因素有哪些呢？

① 音域。

音域即每个人的声音从低音到高音的范围。大多数人运用音高的范围超过8度，也就是音阶上的8个全音。音域的宽窄直接影响声音的质量。人们在平时交谈时，音域大多在一个8度左右，而常用的也只有四五个音的宽度，但是如果要同时与众多听众进行交流，如演讲或是表达强烈的思想感情时，这样的音域就显得过窄。因为这时表达者不得不用到音域的极限，自己会感到吃力，声音会变得不自然，而带给听者的则是极不舒服的感觉。如果一个人的音域过窄而造成表达上的障碍，则需要专门为此进行训练，以拓宽自己的音域。事实上，对于大多数人来说，不在于是否拥有令人满意的音域，而在于是否较好地利用了他们的音域。

② 音量。

音量也就是发出声音的强弱、大小。当人们正常呼气时，横膈肌放松，空气被排出气管。当人们讲话时就会通过收缩腹肌来增加排出空气对振动声带的压力。这种压力提高了声音的音量。感受这些肌肉动作的方法是：将双手放在腰部两侧，将手指伸展放在腹部，然后以平常的声音发"啊"，再以尽可能大的声音发"啊"，这时我们会感觉到提高音量时腹部收缩力量的增强。微弱的声音缺乏力度，使有声语言没有表现力，难以表达强烈的思想感情；而响亮、浑厚、有穿透力的声音，则能做到高低起伏，轻重有别，可以增强声音的表现力与感染力。因此，如果我们的音量不够大，则可以通过在呼气时提高腹部区域压力的方法加以锻炼。

③ 音长。

音长也就是声音的长短，它同语速、停顿密切相关，可以影响语言节奏的形成，对声音的质量同样有着不可忽视的作用。语速，也就是讲话的速度。大多数人正常交流时语速为每分钟130～150个字，而播音员的语速一般在 180~230 个字。可见，对于不同的人，在不同的语言环境下，语速的差异是比较大的。我们不需要去统一执行哪一个标准语速，因为一个人的语速是否恰当关键取决于听众是否能理解他在说什么。通常情况下，当一个人发音非常清楚，并且富有变化、抑扬顿挫时，即使语速很快也能被人接受。

我们一方面要进行良好的训练，另一方面要学会合理地控制这些特征，这样就可以使声音富于变化、轻重有别，从而更加有效地表达语言所蕴含的思想内容。

（3）发声练习。

声音的产生并不是靠哪一个器官单独完成的，而是呼吸器官、消化器官相互协同完成了发声发音效果的好坏，与呼吸、声带、共鸣器官等有直接的关系。因此，要想提高声音的质量，使自己发出的声音更加富有表现力和感染力，就要从以下几个方面多加练习。

① 控制气息。

气乃声之源。一个人气量的大小、能否正确用气，对语音的准确、清晰度和表现力都有直接影响。唐代文学家韩愈曾说过："气，水也；言，浮物也。水大而物之浮者大小毕浮。气之与言犹是也，气盛则言之短长与声之高下者皆宜。"韩愈之"气"虽与"文气""心气"相关，但与声音方面也是相通的。因此，我们必须学会控制好气息，这样才能很好地驾驭声音。在语言交流中，要想使声音运用自如，音色圆润、优美动听，就要学会控制气息，掌握呼吸和换气的技巧。

呼吸的紧张点不应放在整个胸部，而应放在丹田，以丹田、胸膛、后胸作为支点，即着力点。使力量有支点，声音才有力度。

吸气。吸气时，要双肩放松，胸稍内含，腰腿挺直，像闻鲜花一样将气息吸入。要领是：气下沉，两肋开，横隔降，小腹收。这样随着吸气肌肉群的收缩容积立刻扩张，有明显的腰部发胀、向后撑开的感觉，注意不要提肩，也不要让胸部塌下去。当气吸到七八成时，利用小腹的收缩力量控制气息，使之不外流。

　　呼气。呼气时，要保持吸气时的状态，两肋不要马上下塌。小腹始终要收住，不可放开，使胸部、腹部在努力控制下，将肺部储存的气息慢慢放出，均匀地向外吐。呼气要用嘴，做到匀、缓、稳。在呼气过程中，语音随之一个接一个地发出，从而使有声语言富有节奏。

　　换气。在语言表达过程中，人们不可能一口气将所要说的内容说完，常需要根据不同内容和表情达意的需要做时间不等的顿歇。许多顿歇之处就是需要换气或补气之处，以保证语气从容、音色优美、防止出现气竭现象。换气有大气口和小气口两种方法。大气口是在类似于朗读、演讲这样的表达时，在允许停顿的地方先吐出一点气，马上深吸一口气，为下面要说的话准备足够的气息。这种少呼多吸的大气口呼吸一般比较从容，也比较容易掌握。小气口是指表达一段较长的句子时，气息用得差不多了，但句子未完而及时补进的气息。补气时，可以在气息能够停顿的地方急吸一点气，或在吐完前一个字时不露痕迹地带入一点气，以弥补底气不足，无声、音断气连，这是难度较大的换气方法。

　　② 训练共鸣。

　　气流从肺部上升到喉头冲击声带发出的声音本来是很微弱的，但经过喉腔、咽腔、口腔、鼻腔的共鸣，声音就扩大了，这不需要经过训练，人人都可以做到。但是，要想使声音洪亮、圆润、悦耳，就需要进行特殊的训练。

　　鼻腔共鸣。鼻腔共鸣是由"鼻窦"实现的。鼻窦中的额窦、蝶窦、上腭窦等，它们各有小小的孔窦与鼻腔相连，发音时这些小孔窦起共鸣作用，使声音响亮、传得更远。运用鼻腔时，软腭放松，打开口腔与鼻腔的通道，使声音沿着硬腭向上走，使鼻腔的小窦穴处充满气，头部要有振动感。这样，发出的声音才会振荡，有弹力。

　　口腔共鸣。口抬起，呈微笑状，使整个口腔保持一定张力，口腔壁、咽腔壁的肌肉处于积极状态。这样声带发出的声音随气流的推动流畅向前，在口腔的前上部引起振动，形成共鸣效果。共鸣时要把气息弹上去，弹到共鸣点。声音必须集中，同时还要带上感情，兴奋起来，这样才会达到一个好的共鸣效果。

胸腔共鸣。胸腔是指声门以下的共鸣腔体，属于下部共鸣腔体，它可以使声音结实浑厚、音量大。运动胸腔共鸣时，声带振动，声音逆着气流的方向通过骨骼和肌肉组织壁传到肺腔，这时胸部明显感到振动，从而产生共鸣。有了这个底座共鸣的支持，声音才会真实，不飘。

在进行共鸣训练时，扩大共鸣腔要适度，不能无限制，要以不失本音音色为前提。同时，应该学会控制共鸣腔肌肉的紧张度，保持均衡的紧张状态。另外，共鸣腔各部位包括肌肉要协同动作，这样声音的质量才能真正提高。

③ 吐字归音。

吐字归音是汉语（汉字）的发声法则，即"出字"和"收字"的技巧。我们把一个字分为字头、字腹和字尾三部分，"吐字"是对字头的要求，"归音"是对字腹尤其是对字尾的发音要求。

吐字。吐字也叫咬字。一是注意口型，口型该大开时不能半开，该圆唇的时候不能展唇，尽量使声音立起来，二是注意字头，字头是字音的开始阶段，要求叼住弹出。要做到吐字清晰，发音有力，摆准部位，蓄足气流，干净利落，富有弹性。只有这样吐字才能使声音圆润、清楚。

归音。字尾是字音的收尾部分，指韵母的韵尾。归音是指字腹到字尾这个收音过程。收音时，唇舌的动作一定要到位，字腹要拉开立起，即在字腹弹出后口腔随字腹的到来扯起适当开度，共鸣主要在这儿体现。然后收住，要收得干净利落，不拖泥带水，但也不能草草收住。如"天安门"两个字收音时舌位要平放，舌尖抵住上齿龈，归到前鼻韵母"n"音上。只有这样归音才到位，才能使声音饱满，富有韵味。

④ 节奏练习。

有声语言的节奏是语言中的音节排列组合后体现出的一种均衡和谐的

美。节奏的构成主要有重音、停顿、语速、抑扬等。

  a. 重音。重音是指在句子中某个词语说得特别重或者特别长。重音通常分为两类：一类是与句子的结构有关，叫作结构重音；另一类与强调的某个潜在的语义有关，叫作强调重音。在说话人没有任何强调意思时，句中的结构重音就起作用了，这时的重音是句中组成成分之间相比较而存在的。例如，在简单的主谓句中，旨在说明主语"怎么样了"时，相比之下，谓语重些，如"小王买了"（重音在"买"）。如果句中有宾语，则宾语较重，如"小王买电脑了"（重音在"电脑"）。如果句中有修饰语，则修饰语较重，如"楼上的小王买电脑了"（重音在"楼上"）。强调重音没有固定的位置，是根据表达者所要强调的潜在意义决定的，但强调重心也不是随心所欲的，是由上下文意思决定的。例如，"我们要起诉施虐者"（实施起诉的不是别人），"我们要起诉施虐者"（不是采取别的行为，是起诉），"我们要起诉施虐者"（起诉的对象是施虐者）。

  b. 停顿。停顿是指在语言交流中的语句或是词语间声音上的间歇。这一方面是我们生理和心理的需要；另一方面也起到控制节奏、强调重点的作用，同时也能给听者一个思考、理解和接受的时间，使听者更好地理解语义。停顿有多种性质：一是语法停顿，这类停顿基本依据标点来处理，如句号、问号、感叹号的停顿就要比顿号、逗号、分号的长；二是层次停顿，语义的层次需要停顿来表达清楚，这既包括语言中大的意思层次，如一节或一段，也指一句话中语义的层次；三是呼应性的停顿，如果是一大段的语言内容，往往会出现整体性的呼应或是局部呼应，这种情况声音必须停顿，否则就会造成呼应中断，影响语义的表达，如"这对小燕子，便是我们故乡的那一对/两对吗"（郑振铎《海燕》）；四是音节性停顿，这主要是指朗读节奏感比较强的诗词时，如"空山/新雨后，天气/晚来秋"（王维《山居秋暝》）；五是强调性停顿，即为了突出句中的某些重要词语，而在这些词语的前或后稍加停顿，如"有的人活着他已经死了，有的人死了/他还活着"（臧克家《有的人》）。

c. 语速。语速是指语言节奏的快慢。它是体现语言节奏、表达思想感情的重要手段。在现实生活中，凡是兴奋、激动，则会语速加快；而沉思、平静时，语速就变慢。因此，语速的运用一方面与内容、情感有关，另一方面也受不同场合的影响。做报告、播音的语速就相对较慢，而讲课的语速则要快一些，最快的则是我们常常听到的体育赛事的转播解说。

d. 抑扬。抑扬是指语调高低升降的变化，这种升降的变化能表达不同的语气。一般来说，下抑的语调表示肯定的或是祈使的语气，上扬的语调则表示疑问的语气，平直、低沉、慢速的语调则表示庄重，平直、快速的语调则表示冷淡，弯曲的语调表示有言外之意或是反语。

以上所说的重音、停顿、语速、抑扬在实际运用中不是孤立的，而是相互配合的，只有这样才能真正使有声语富有节奏，展示出声音的和谐之美。

（五）心理素质与口才的关系

美国的《读者文摘》杂志曾在全美范围作了一次关于"你最害怕什么"的调查，调查结果显示，许多人最怕的是"当众说话"，而"怕死"反而排在了第六位。言语表达能否成功在很大程度上取决于说话者的心理素质，因为心理素质很大程度上决定了说话者能否在表达过程中镇定自若地面对听众，能否充分发挥自己的口才水平。这里着重探讨一下口才与心理素质的关系以及心理素质的培养途径与训练方法。

1. 口才与心理素质的关系

心理素质是指一个人的思想、观念、情感、意志的修养和能力，是先天遗传和后天教育的综合。在一般情况下，心理素质可包括个性品质、心理健康状况、智力和非智力的因素、自信心和自我认知能力等内容。口才与心理素质是相互作用、密切相关的。

2. 心理素质的培养途径

（1）增强自信心。

自信心是交际取得成功的首要条件，是指一个人对自身能力与特点的肯定程度，是人的意志和力量的体现，是良好的语言形象的重要组成部分。一个人的自信心不是与生俱来的，而是后天培养起来的。其培养途径有以下几点：一是不要总想把一段话讲得尽善尽美，不出现丝毫纰漏，那样反而会在心理上造成不必要的压力。为了保持心理上的优势，要消除自卑感，不必过多顾虑自我形象如何，只有做到"心底无私"，才能感到"天地宽阔"，自身的才气才会得到较好的发挥。二是要正确对待听众，要了解环境和对象。要使语言富有感染力、说服力，就需要尊重公众，放松情绪，不要一看到听众表情上的变化，便影响自己的表达，给自己增加新的压力。三是要有充分准备，对于自己说话的内容，尽可能事先想好，力争做到深思熟虑、胸有成竹，力求见解新颖、立论有据。同时，在语句搭配、表达方式上也须做必要的准备，有条件的还可事先练习。这样在语言表达过程中会表现得流畅自然，不致说到半截卡壳，也不会因发生意外情况而心慌意乱。

（2）提升自控能力。

提升自控能力一是要确定明确的目标，把握言语表达的方向；二是要能够控制情绪，保持头脑冷静、清醒。在进行语言表达时，目标越明确，自我控制能力也就越强。这就要求我们学会通过意志行动来自我控制，努力集中注意力，遇事冷静，消除不良心理的影响，努力控制愤怒、不满和恐慌等情绪，克服其干扰，从而从容化解危机。下面，以控制愤怒情绪为例，介绍控制愤怒的几种方法。

智慧克敌。对那些引起发怒的事，要看得破，想得开，放得下，以宽广的胸怀去对待。一时看不破，就想想发怒的坏处和不发怒的好处。

牢记目标。苏轼说，那些能够"猝然临之而不惊，无故加之而不怒"

的人，是因为"其所挟持者甚大，而其志甚远也"（苏轼《留侯论》）。在交际过程中，如果能够始终牢记交际目的，就一定能控制住自己的不良情绪，而不会"小不忍则乱大谋"。

转移注意力。瞬间或短时间将注意力转移一下，有助于控制不良情绪。

（3）培养语言风度。

语言风度是指一个人内在气质的语言表现，是一个人涵养的外化。一个人风度翩翩，会使他具有强烈的人际吸引力，使人仰慕不已。使自己的语言具有风度，是塑造语言形象的重要途径。

培养语言风度，首先，要提高思想修养。风度是一种品格和教养的体现。俗话说，"慧于心秀于言""腹有诗书气自华"，如果没有远大的理想抱负、造福于人类的美好心灵，没有正义感、助人为乐、平等待人等高尚的道德情操，没有广博的知识储备、较高的文化素养、优雅的生活情趣，那么其语言必然粗鄙、不雅，毫无魅力可言。其次，要使语言风度与自己的性格特征相吻合。风度是一种特征表现，各种不同的风度增添了人们交际的风采。高雅的交际者，就应根据自己的气质、性格、特点来塑造自我风度，切勿东施效颦。正如卡耐基所说："不要模仿别人。让我们发现自我，保持本色。"最后，要注意修饰仪表。日本企业家松下幸之助平时穿着随便，不拘小节，头发很长。有一次，他理发时，理发师批评他说："您是公司的总经理，一言一行都代表着整个公司，却这样不重衣冠，别人会怎么想？连总经理都这个样子，他公司的产品还会好吗？"理发师建议，今后理发应到东京去，松下觉得很有道理，从此开始重视自己的仪表了。商务人员作为组织的代言人，更要注意自己的仪表，服饰要整洁大方，显示个性，富有美感，同时注意发型和美容。当然，要塑造外表美，必须从培养和提高内在素质入手。

（4）提高应变能力。

所谓应变能力，就是讲话者针对交流过程中出现的不利因素，机智地调整讲话内容或仪态等，以适应现场变化的快速反应能力。它能反映出讲话者应对、处置各种突发情况的心理素质。它要求讲话者及时、快速作出反应。随机应变是根据交际情境变化随时作出应对，应注意几点：一是根据说话对象的基本情况决定说话策略；二是观察、分析交际对象的心理、心情变化，及时调整说话策略；三是利用交际场合中的其他情境因素（周围人的言行、交际的时间、交际的空间状况、交际时的天气、现场的各种声音和物品）借机发挥、借势发力。演讲灵活性还表现在演讲者利用演讲环境中的不利因素，变不利为有利。演讲进行过程中，有时候环境的某些因素发生变化，演讲秩序遭到破坏，如处理不好，其影响是非常不利的，但是，演讲者能巧妙引导，则会变不利为有利。

（六）思维训练与口才的关系

思维是人脑对客观事物的特征和规律性的一种反映过程。这一过程的基本内容是分析、综合和概括。人们为了揭示事物的本质，必须进行分析、综合、概括的思维活动。这一活动，凝聚着人们复杂的脑力劳动和心理过程。进入 21 世纪，创造性思维训练成为训练的重点，通过创造性思维训练以求使人们的认识能摆脱思维的僵化和单一性，突破原有一般性思维的约束。

1. 一般性思维训练

一般性思维训练包括观察力训练、条理性训练和概括力训练。首先是观察力训练。一般性思维训练，要在观察或实践获得大量感性材料的基础上进行。不掌握丰富的材料，就不可能作出科学的论证和思考。因此，一般性思维训练的第一步，就应该从训练观察力入手。观察，就是有意识、有目的地仔细察看客观事物和各种现象的过程。观察力，就是能准确察看客观对象的能力。观察力训练有以下方法。一是静物观察。可集中注意力看一个物体，如一把茶壶、一盆鲜花或一件工艺品、一张油画等，限定时间看 1~2 分钟，然后把实物拿走，背述物体的形态、花色、图案、特征等，要说得准确，切合实际。二是环境观察。它既包括对自然环境的观察，又包括对社会环境的观察，如观察自己的家庭、单位、社区这些身边最熟悉的环境。要善于从千变万化的景象中、从纷繁复杂的人际关系中抓住重点。抓重点，就是抓环境中最有特色、最能说明问题的部分。这一训练可以培养观察力和思维力综合运用的能力，从纷繁复杂的事物中，抓住人与物的相互关系。三是人物观察，人物观察是观察的重点。可先从周围的人开始。如给同学"画"（口述）肖像：请同学们用 1~2 分钟时间描述大家熟悉的一位同学，从人物的容貌、衣着、神态、习惯等进行观察，揭示人物的精神面貌和性格特征，然后请同学们说出人物的姓名。此外，还可以观察人物的行为，做动作过程的口头描述。这一观察，既要注意动作的外部表现，更要注意动作表现的内心活动，既要抓住体现人物个性的行为，又要抓住体现人物特征的依据。

其次是条理性训练。思维的条理性是客观事物条理性的反映，表现在口语表达中，就是一个人说话的思路。客观事物无论怎样纷繁杂乱，总是有一定条理或规律可循的，人们的认识也必然按照一定程序，由浅入深、由此及彼、由表及里地进行。在说话之前，先想好说什么，先确定中心，再安排层次。先说什么、再说什么、后说什么、哪些地方需要交代、哪些地方需要呼应、哪些地方详说、哪些地方略讲、哪些地方用哪些材料，都要想得有头有尾、有条有理，做到了这一点，说话就能连贯、条理分明、无懈可击。训练有以下方法：一是变更结构顺序训练。变更结构顺序，是改变思路、调整思维的训练。可把插叙的文章，用口述方式变为顺叙，也可把倒叙的文章，口述为正叙或插叙。二是分类训练。分类训练是进行条理性训练一种行之有效的方法。分类首先要对所得到的材料进行梳理，使之条理化、语脉清晰。分类是明确概念外延的方法，也就是根据一定的标准，把一个属概念分成几个种概念。

最后是概括力训练。在人们的思维活动中，概括能力的培养是极为重要的。这里所说的思维概括能力，就是把事物的共同属性通过分析、综合、比较归结在一起，把握事物的基本特征。例如，对标题的确定、观点的提炼、情节的凝缩、人物事件的简介等，都需要建立在思维概括性的基础之上。因此，概括能力的高低，在很大程度上决定着整个思维水平的高低。概括能力训练有以下方法：一是提炼标题训练。标题是内容的高度集中与概括的反映，在口语表达中，无论是提炼讲话的总标题，还是提炼讲话内容的小标题，都是对内容的高度概括，都是使讲话内容更凝练、更有条理的一种做法。从口语表达过程来看，小标题就是说话的内容层次，总标题就是讲话的宗旨或讲话人的意图。二是提炼观点训练。观点，在论说文中叫"论点"，在口语表达中叫"看法"，即作者或说话人对议论的问题提出的见解或主张。观点必须正确、鲜明。正确是要符合客观实际、符合马列主义科学真理，鲜明就是立场、态度要分明，肯定什么、否定什么、赞成什么、反对什么，都要清楚明白，不能似是而非、模棱两可。训练时，可把观察和阅读得来的材料，经过分析、综合，加以提炼。三是概括情节训练，可在观察材料的基础上进行。例如，看过一次电影或电视剧、读过一本小说、听过一个故事等，都可以作"概括情节"的训练。概括情节，不是详细地复述内容，也不是三言两语略过使人听不清内容全貌，而是要抓住情节发展的中心线索，舍弃枝节、简单扼要地复述出来。四是概括人物训练。对生活中熟悉的人物或从小说、影视剧中读到、看到的人物，用准确而洗练的几句话，概括某一人物的精神面貌和个性特征，说出他是一个怎样的人。这种概括既不能过于广泛详细，也不能主次不分、以偏概全，应以人物的言行为基础，抓住人物的本质特征，做到公正客观、恰如其分而又言简意赅。

2. 创造性思维训练

创造性思维是人类所独有的。从一定意义上说，人类所创造的一切成果，都是创造性思维的外现与物化。创造性思维一般是指开拓人类认识新领域的一种思维，它与一般性思维的不同之处在于其具有新颖性、独创性和突破性。创造性思维是人类智慧最集中表现的一种思维活动，它是一种非常复杂的高级思维过程，是一切创造活动的主要精神支柱。它可以使人类突破各种条条框框，在一切领域开创新的局面，以不断地满足人类对精神和物质的种种需求。由此可见，一般性思维与创造性思维之间既存在区别，又没有严格的界限，两者之间没有一条不可逾越的鸿沟。可以这样认为，创造性思维是一般性思维的发展，而一般性思维则是创造性思维的基础。创造性思维训练应从以下四个方面着手。

一是摆脱习惯性思维训练。摆脱习惯性思维训练，被人们称为"创造性思维的准备活动"和"软化头脑的智力柔软操"，乍一看，这类训练题的出题人是在那里设圈套、故弄玄虚，其实，这类训练的真正意义在于，促使人们探索事物存在、运动、发展、联系的各种可能性，从而摆脱思维的单一性、僵硬性和习惯性，以免陷入某种固定不变的思维模式，使思维具有流畅性、变通性和独特性。

二是发散思维训练。发散思维指沿着不同的角度和思路来分析问题，提出各种不同的解决方案。它是一种无确定规则、无限制、推断无定向的思维。为了使口语表达完美、严谨、开阔，思维就要拓展生发，由此及彼，举一反三。在演讲与口才中培养发散性思维可以通过讨论达成，在学生充分参与的基础上，形成思维的独特性。

三是聚敛思维训练。聚敛思维就是由四周向一点集中的思考方法，针对众多的问题集中思考。也就是说要撒得开，收得拢，既具有发散能力，又具有聚敛能力。如教师设计两个内容上具有共同特点的小故事，要求学生在一分钟内归纳出一个成语。

四是逆向思维训练。逆向思维，通俗地讲就是反过来想一下。它要求人们打破常规思维方式从反方向进行思维，这种思维往往可以产生新的观点。逆向思维是让演讲立意出新的一种绝佳的方法。它作为一种有别于常规的思维方式，只要注意把握好尺度和分寸，就会让你的演讲有标新立异之奇，从而赢得更多听众的喜爱。例如，"学海无涯苦作舟"是中国人传统观念中对"头悬梁、锥刺股"的学习观念和方法的确认；但现在有演讲者反过来想，学习是一个获得知识、提高自我的过程，所以也应该是一个快乐的过程，特别是通过学习的努力获得知识和能力更应该让人觉得快乐，所以就提出"学海无涯乐作舟"的命题，并取得了很好的演讲效果。

第四章 3~10岁儿童认知发展特点

一、儿童认知结构理论简述

在诸多关于儿童认知发展的理论中，皮亚杰的儿童认知结构理论观对世界各国儿童认知发展领域的研究产生了深远的影响，为描述儿童认知发展的一般图景提供了重要的理论依据。皮亚杰深受康德理性主义的影响，认为儿童认知结构论是以逻辑运算为轴线的，他把儿童看作一个有智力的"年幼的科学家"，儿童通过使用一套正在发展的一般性能力的推理性工具（逻辑运算），可以构建个体自身的认知结构。

皮亚杰关于认知发展的理论体系，主要受他早期作为一个生物学家所受的训练工作的影响。依据早期的研究，皮亚杰相信，生物的动作是对物理环境的适应与组织，这导致他以极类似的方式去理解智力的发展，把认知动作看作是对觉察到的环境的组织与适应。但这并不意味着智力行为起源于生物的功能。皮亚杰认为，认知发展的基本原理与生物发展的基本原理是相同的，组织与适应是一个相联系的过程，组织与适应是发展机制的两个相互补充的过程。人类个体智力的发展是通过活动（动作）去适应环境并组织其经验，心理的发展是通过同化、顺应和平衡等机制去适应或改造、重组个体的认知格式。

皮亚杰认知发展理论的思想来源主要包括康德认识论、结构主义、生物学渐成论、数理逻辑学、格式塔心理学等。首先，借鉴康德的先验范畴与结构主义理论，提出遗传的先天图式处于幼儿认知发展起点位置的观点。其次，皮亚杰认知发展理论吸纳生物学中渐成论的观点，认为幼儿智力的发展是先天和后天因素共同作用的结果，生物性的结构与认知性的结构具有同构性。此外，皮亚杰运用数理逻辑中的运算、对称、可逆等概念来研究儿童思维的发展，并用符号逻辑探讨形式运算阶段思维过程的特点。最后，皮亚杰引入格式塔心理学的整体论思想，他认为认知结构因素是"没有发生的结构"，即建构主义的结构。

皮亚杰认为，心理必须具有结构，即格式，是适应心理的发展并随心理的发展而变化，新生儿只有很小的格式，随着年龄的增长，他的格式逐渐扩大和更具概括性。格式体现于（或反映于）外部行为中，但是格式不仅仅是行为，它是内部结构，把有机体所察觉到的事物按照一般的特性组织到"群"中，即把不同的但具有类似的动作序列完整集合归为一类，在认知活动过程中反复出现的行为模式作为反映格式而被概念化，因此，行为是结构的结果。

皮亚杰对儿童认知心理学的贡献主要体现在以下几个方面：第一，提出了一套完整的、富有辩证思想的儿童认知结构理论；第二，描绘了儿童从出生到青年初期（15岁）认知发展的路线；第三，首次采用数理逻辑作为刻画儿童逻辑思维发展的工具；第四，构造了发生认识论的理论框架。皮亚杰以其三论（相互作用论、结构—建构论、逻辑决定论）构建了儿童认知发展理论的基石。

但随着时间的流逝和后继的深入研究，皮亚杰的理论受到了更为严峻的考验和挑战。为了适应时代的发展，新皮亚杰理论应运而生。罗比·凯斯（Robbie Case）无疑是目前新皮亚杰理论的优秀代表者，融合了时代发展的许多新内容，即吸收了经验论、社会文化历史学派和信息加工观点，提出了独特的"过程—结构"理论。

加拿大多伦多安大略教育研究学院的罗比·凯斯，提出了他独特的"过程—结构"理论，继承了皮亚杰关于儿童认知发展的最核心的观点：发展是个质变过程，呈现一定的阶段性。凯斯的理论深刻地反映了阶段论的思想，并且坚持认知发展具有领域的普遍性。凯斯吸收了经验论和社会历史文化学派独有的一些概念，用信息加工的思想和方法来整合皮亚杰理论。因此，凯斯等人的儿童认知发展的"结构—过程"理论，它是以皮亚杰的一般性理论为基础，从研究儿童执行控制结构和工作记忆开始，进一步拓宽到研究知识领域、标准组件理论，把儿童认知过程分解为一系列基本领域，对数、社会性和空间等中心概念结构进行了广泛的研究；在对儿童认知发展的每一个领域进行单独研究的过程中，发现了不同领域任务之间的同步现象，从而沟通了信息加工的组件理论和一般性理论，建立了新的儿童认知结构理论。

"结构—过程"理论主要有五个方面的内容：（1）就最基本层次而言，儿童智慧发展过程分为两大范畴，一个是表征经常发生的刺激样式的象征格式（状态表象），另一个是表征对这些刺激样式的改变方式的运算格式（运算）。（2）采用信息加工思想来看待发展机制，即用加工效率的发展差异来代替皮亚杰的同化、顺应和平衡化等概念。（3）认知发展的变化就是儿童解决问题时执行控制结构（executive control structure）操纵范围的变化。执行控制结构有四个主要发展阶段：一是婴儿感知运动阶段（1~18个月）；二是童年早期关系阶段（1.5~5岁）；三是童年中期维度阶段（6~11岁）；四是青春期矢量阶段（12~19岁）。每一个主导的发展阶段又表现出三个亚阶段（或者水平）的普遍顺序，即单向协调亚阶段、双向协调亚阶段及精致的协调亚阶段或者四个亚阶段（含起始阶段在内）。水平之间的过渡是通过整合过程发生的，但这种整合的过程是以层级形式进行的。（4）影响儿童认知发展的因素，包括成熟、社会经验、好奇心、探索和掌握的愿望。（5）自创中心概念结构术语，将此定义为一种语义结和语义关系的网络（a network of semantic nodes and relations），这些网络代表了儿童在某一领域掌握并能运用于该领域所有认知任务的核心知识。

"结构—过程"理论较好地解决了皮亚杰经典理论的四个"异常"问题：（1）跨任务的相关模式（低相关），可以解释为中心概念结构的功能；（2）年龄差问题，可以认为是儿童获得某一方面任务知识的产物，而不是一般性概念知识的表现（非同步性问题）；（3）训练，训练可以出现迁移现象；（4）形式思维的挑战，主要来自文化的影响。以凯斯为代表的新皮亚杰"过程—结构"理论学派，在发达的西方国家以及一些发展中国家进行了大量的实证研究，获取了与理论假设一致的富有成效的结论，并得到广泛的检验。

二、皮亚杰认知结构理论中儿童认知发展的阶段及转换

皮亚杰认为，认知的发展是认知结构（格式）连续质变的一个连贯过程，每一结构及其随之而产生的变化都在逻辑上不可避免地来源于前一结构。把认知发展概念化，智力发展可分为四个主要的阶段。❶

第一阶段：感觉运动阶段（0~2岁）。此阶段行为主要是运动的。

第二阶段：前运算思维阶段（2~6岁）。这一时期的特点是语言的发展以及概念的迅速发展。儿童在前运算阶段时，思维具有符号性的特点，同时他们的思维是非逻辑性的、具有自我中心性的，其思维特点主要体现在以下几个方面。

（1）延迟模仿。皮亚杰指出，儿童内在表征系统的发展源于模仿，即儿童在观察他人的行为动作之后，又将其再现的能力，通过这种方式能使儿童在较短的时间里积累出数量较多的表象材料，因为他们可以将头脑中接收的信息以符号的形式储存，有利于他们发展自己的思维。

（2）语言符号。皮亚杰指出，语言符号包括象征和符号两种形式，在

---

❶ 人的发展是多方位同步进行的，多个发展阶段重合是常见现象。

前运算阶段的早期，儿童主要使用象征来表征事件，如他们用树枝代替刀剑，用洋娃娃代替真正的小孩等。伴随着儿童年龄的逐渐增大，他们会越来越习惯用符号语言的方式来表达外部世界，如使用文字"猫"来代表真正的猫。

（3）自我中心性。除了以上两点，前运算阶段的儿童思维还具有自我中心性这一显著的特点。根据皮亚杰的描述，所谓"自我中心性"即儿童还不具备将个体与客观存在的外部世界进行明确区分的能力，此时他们会从自己的角度去观察和了解外部世界，皮亚杰同时还认为，儿童的心理表象和语言具有同步性，儿童能够运用语言的符号去表达事物。

第三阶段：具体运算阶段（7~12岁）。这一时期，儿童形成了把逻辑思维运用于具体问题的能力，他们能进行较为简单的逻辑推理，如知道了 3>2，2>1，则知道了 3>1，这种对于外在客观世界的认可促进了儿童克服其思维的自我中心特点。除此之外，进入具体运算阶段以后的儿童得到了心理操作能力，这也是儿童在这一个阶段里的最大收获。在这个阶段，儿童已经能通过心理操作去认知世界，也能促进认知活动中的各种特性。

第四阶段：形式运算阶段（13~15岁或更大些）。这一时期，儿童的认知结构达到其最高的发展水平。儿童已能将逻辑思维运用于各类问题。此阶段的儿童思维已经具有一定的抽象性。这个阶段与前一个阶段有两个思维上的共同点，即都具有可逆性的思维能力和心理操作能力。在这一阶段，儿童思维能力发展的另一突出表现是极大地提高了他们的思维抽象性。该阶段的儿童善于思考外界事物，因此他们的视野也得到了很大的开拓，另外，他们的思维也更加具有逻辑性，解决问题的能力也得到了一定的提高。因而，皮亚杰认为，在经过这些发展阶段之后，儿童的思维能力也基本趋于成熟。

皮亚杰强调，任何儿童都要经过这四个连续阶段的认知发展过程，并认为这在不同的时代或社会中都适用。他同时指出，儿童的任何一个新的认知技能的出现，都是以前一阶段中的认知技能为基础的。皮亚杰儿童认知理论中提到的不同阶段的转化是指各个年龄阶段的儿童在进行教学时是可以相互转化的，如前运算阶段的儿童在特定的环境和条件下也是可以使用感知运动阶段甚至是具体运算阶段的教学策略。但是在进行不同阶段的转化时，也需要结合儿童教学的实际情况，不能一味地追求教学效率而忽略儿童的审美接受。

皮亚杰阶段理论的"固定不变"是指每一个儿童必须以同样的顺序通过认知发展的各个阶段，但由于经验或遗传因素的影响，儿童通过各阶段的速度可能是不相同的。

皮亚杰认为，有四个主要的因素是与所有认知的发展相关的：（1）成熟；（2）经验；（3）社会交往；（4）平衡。这四个因素以及它们之间的相互作用可看作认知发展的必要条件，但它们之间任何一个因素本身都不是保证认知发展的充分条件。

（1）成熟。成熟对认知发展的主要作用在于神经的生长（脑和神经系统组织的生长）和内分泌系统的发育。但皮亚杰认为神经系统成熟的作用只不过是决定了在某一特定阶段发展的可能性和不可能性，要实现这些可能性，一个特定的社会环境仍是必不可少的，文化和教育条件对可能性的实现能够起到加速或推迟的作用。

（2）经验。个体作用于物体过程中习得的经验（不同于社会经验而言）。经验是个极为复杂的问题，它包括两类：第一类是物理经验，指个体作用于物体，抽象出物体的特性；第二类是逻辑—数理经验，指个体作用于物体，旨在理解动作间相互协调的结果，即认为数理逻辑知识来源于动作，而非来源于物体。

（3）社会交往，指社会上的相互作用和社会传递。社会化是一个结构化的过程，个体对社会化所作出的贡献正如他从社会化所得到的一样多。社会的相互作用可以有多种形式，如与同伴、父母以及其他成人的相互作用等。

（4）平衡。皮亚杰认为，"如果发展有赖于内在的因素（成熟）……和……外在的因素（物理的或社会的），不言而喻，这些内在的和外在的因素是相互平衡的。我们相信心理平衡甚至生物平衡意味着主体的一种能动性。这种能动性存在于指向补偿的一种调整之中","从一阶段向下阶段的每一部分的构造以及每一个转变时可以观察到的,它是一个自我调节的平衡过程。"❶ 因此,平衡作用被认为是一种内部自我调节体系,这一体系使成熟、经验和社会交往的作用协调起来。

皮亚杰认为,成熟、经验、社会交往和平衡对认知发展而言都是必需的,但它们必须存在并且相互作用。

三、3~6岁幼儿的基本发展特点

(一) 生理发展特征

大脑发育:幼儿期是大脑发育最快的时期。由于视听觉髓鞘的形成、神经树突数量的增加、神经细胞结构的复杂化等,脑内多巴胺含量持续增加,幼儿脑重持续增加,皮质抑制机能不断增强,大脑的发育快于身体其他部分。因此,若幼儿长时间保持同一姿势或集中注意力于某一事物,通常会引起高级神经活动的紊乱。

运动能力:指个体控制身体的能力,涵盖大肌肉运动和精细运动能力。其中,3岁的幼儿主要涉及大肌肉动作、灵活性及简单手眼协调;4岁的幼儿开始发展平衡能力,具备控制更多肌肉的能力,主要涉及运动技能如接、扔、拍、踢等;5岁的幼儿能够完成连续跳跃动作,对于精细动作的掌握程度逐步发展,能够熟练使用各类娱乐设备;6岁幼儿具备良好的协调性、平衡感、小肌肉的技巧及灵巧度等。

语言能力:3岁以前幼儿主要通过对话形式与外界沟通,3~5岁是幼儿沟通表达能力的快速发展期,言语表达通常表现为情景性,缺乏条理

---

❶ 皮亚杰. 智力心理学 [M] 严和来,姜余,译. 北京:商务印书馆,2015.

性、连贯性。其中，4岁是肢体语言表达的转折期，因此，在此阶段应为幼儿提供适宜的言语沟通环境，以促进幼儿的自我表达能力发展。

记忆与思维能力：幼儿的工作记忆（短时记忆），即把新输入信息与原有知识经验串联起来的记忆内容。3岁幼儿的短时记忆容量为1个信息单位（或组块），5岁幼儿能处理7个信息单位。幼儿以无意识记忆为主，趣味性强的、形象鲜明的、强烈的刺激物易记忆，即形象记忆优于逻辑记忆。

（二）心理发展特征

个性发展：自我意识的觉醒随着年龄增长而发生，自我评价能力通常在3~4岁萌芽，5~6岁的幼儿通常具备自我情绪体验，逐渐由自我情绪体验如愉快、愤怒等向社会性情感体验如委屈、自尊、羞愧等发展，5~6岁的幼儿通常具备一定的自控能力。

道德与侵犯认知：研究表明，3~6岁的幼儿已具备初步的同情心、责任感等。科尔伯格（Kohlberg）认为幼儿阶段的道德水平主要由外在要求判断道德价值。哈托普（Hartup）的结构与维度模型（Structure and Dimension Model）指出，3~6岁幼儿的侵犯倾向与年龄成正相关，男孩较女孩表现出更多的侵犯行为，其中，身体攻击的顶峰时期为4岁，报复性攻击稳定于3~9岁。因此，通过榜样示范、移情训练以及去除对侵犯行为的奖赏和关注❶，有利于达到控制儿童侵犯行为的效果。

性别标准：不同性别的幼儿具备不同的心理特征，涵盖动机、价值、行为方式和性格特征等。3~4岁的幼儿通常能辨认性别，但无法辨别性别的固定属性，5~7岁的幼儿开始认识到性别的坚定性，3~7岁的幼儿对于性别标准的认知固化的准则，因此，此阶段有利于培养幼儿形成积极正向的行为模式。

友谊的重要性：幼儿交往过程中建立的同龄人友谊即同伴关系，可以

---

❶ "奖赏和关注"并非日常语境中的奖赏和关注。例如，在孩童做出家长们认为的"淘气行为"，但实质是侵犯行为时，家长们大笑、安慰等缓和、退让的行为即"奖赏和关注"。

满足其归属感、爱及尊重的需要，同时，同伴关系不仅为幼儿提供了学习他人的机会，而且是其获取情感的来源。从3岁起，幼儿倾向于通过游戏、玩耍等与同伴建立友谊关系，且依恋同伴的强度与友谊数量呈显著正相关❶。因此，友谊关系的障碍易触发负面情绪，引起幼儿的心理抵触。

（三）认知发展规律

认知是指通过知觉、判断、想象及形成概念等心理思维的活动过程，即个体进行信息加工处理的思维功能，即人认识外界事物获取外界信息的过程，包括感知觉、注意、思维、想象等。基于皮亚杰认知发展理论相关文献资料的调研❷，可将3~6岁幼儿认知发展水平的基本特点概括如下。

1. 感知特征

感知觉是最基础的心理活动，其中，感觉是对客观事物个别属性的直接反应，知觉是人对客观事物整体的直接反应，学龄前阶段的幼儿视听觉感知迅速发展，幼儿的感知觉具备以下特征。

（1）色、形抽象感知。柳布林斯卡娅❸、古纳夫❹等人结合幼儿对色彩、形状两维的感知的研究发现，0~2岁的幼儿的形状知觉占主导，3岁幼儿的颜色抽象感知占优势，4~5岁达到峰值，6岁及以上幼儿转入形状抽象占优势。

（2）感知的有意性、目的性逐渐增强。姚平子等❺依据观察的目的性和有意性将儿童划分为三级：A级能够克服干扰与障碍，有效完成任务；

---

❶ 数量多少在于该幼儿主观认为建立了多少友谊关系。
❷ 张杰宇. 基于皮亚杰认知理论的幼儿教育游戏应用交互设计研究［D］. 天津：天津大学，2018.
❸ 柳布林斯卡娅. 儿童心理发展概论［M］. 李子卓，等译. 北京：人民教育出版社，1961.
❹ BRIAN C R, GOODENOUGH F L. The relative potency of color and form perception at various ages［J］. Exp. psychol, 1929（12）：197-213.
❺ 姚平子，熊易群，王启萃，等. 幼儿观察力发展的实验研究［J］. 心理发展与教育，1985（2）：18-23.

B级能依据任务进行目的性观察，但遇挫后无法继续；C级表现为任意乱指，无法接受任务；研究表明3岁、4岁、5岁和6岁幼儿的A级水平达标率分别为0、2%、22%和24%。因此，观察目标越具体，行动任务越明确，幼儿的行为效果越好。

（3）观察的持续时间短。幼儿观察的持续时间与观察对象的趣味性强度呈显著正相关，即幼儿对某事物越感兴趣，观察时间越长，受兴趣的支配越明显。同时，与静止的对象相比，幼儿更倾向于偏爱观察动态的对象。

2. 注意特征

注意存在于感知觉与记忆（短时记忆、长期记忆）等心理过程中，是对特定对象的集中指向，是幼儿适应外部环境、从事活动的必要条件。一方面，幼儿从无意注意占优势，逐渐发展到有意注意占主导；另一方面，具体形象思维占主导地位，即具体生动、直观形象、动态的事物容易引起幼儿注意。

3. 思维特征

思维是人脑对客观事物的概括、间接地反映的一种高级认识活动，幼儿的思维具有直观、形象、直接兴趣的特征，因此，幼儿产品设计开发需要与幼儿的认知发展相适应，通过运用有趣的图形、悦耳的声音、生动的画面等形式将抽象复杂的内容具体化、简洁化，强化准确、直观、形象、生动、有趣的游戏特征，以调动幼儿的多感官参与。幼儿认知及思维的特征及局限如表4-1所示。

表4-1 幼儿认知及思维的特征/局限性

特 性	局 限
集中倾向性	幼儿倾向于聚焦于事物的某一方面而忽略其他方面
自我中心	幼儿认知的局限性导致其以自身为参照理解外界的事物
不可逆性	幼儿思维只关注始末，不理解过程
具体形象性	相较于真实的事物，幼儿对抽象的概念、事物理解困难
象征性思维	幼儿运用符号逻辑在头脑中表征事物、实践和行为的能力显著增强

4. 想象力特征

想象在幼儿的游戏学习活动中具有重要的影响：幼儿通过想象活动加工形成具体、生动、活泼的形象，以更好地认识理解学习内容，进而顺利地掌握间接经验，实现认知图式结构的重构。

基于皮亚杰前运算阶段（2~7岁）的认知发展阶段理论，获取"感知觉"、"注意"、"思维"及"想象力"等特征因素，得到如下幼儿的认知行为特征因素，具体如表4-2所示。

表4-2 幼儿的认知行为特征因素

类型	特征因素	典型表现
认知思维	万物有灵论	任何事物都是有生命、有意识的
	自我中心主义	以自我观念同化他人观点
	缺乏层级概念	不能意识到整体与部分的关系（类包含关系）
	思维不可逆	反演可逆性、互反可逆性
	缺乏守恒	本质特征随显性表象特征改变而改变
视觉感知	色彩认知源于生活	色彩与物体存在一对一的映射关系
	色彩辨识与色相相关	暖色的接受度高，冷色的接受度低
	审美偏好存在性别差异	女孩偏爱粉、紫、红等，男孩偏爱蓝、灰、黄等
	审美偏好随年龄变化	从高饱和、高对比度向低饱和、低对比度过渡
空间知觉	大小知觉	依靠触觉、比较等手法验证大小
	形状知觉	难度：菱形＞梯形＞半圆形＞三角形＞正方形＞圆形
	方位知觉	以自身为中心，固化地辨别方位
行为	日常模仿行为	语言、动作和行为的模仿
	智能设备触屏行为	点击、双击、拖动、拖曳、多点触控
记忆	短暂记忆	短暂记忆占主导地位
	形象记忆	记忆源于具体、形象的事物
	机械记忆	理解和逻辑能力较弱

（四）语言发展特点

语言是交流和思维的工具。幼儿期是语言发展特别是口语发展的重要时期。幼儿语言的发展贯穿各个领域，也对其他领域的学习与发展有着重要的影响：幼儿在运用语言进行交流的同时，也在发展着人际交往能力、理解他人和判断交往情境的能力、组织自己思想的能力。通过语言获取信息，幼儿的学习逐步超越个体的直接感知。

幼儿的语言能力是在交流和运用的过程中发展起来的。应为幼儿创设自由、宽松的语言交往环境，鼓励和支持幼儿与成人、同伴交流，让幼儿想说、敢说、喜欢说并能得到积极回应。为幼儿提供丰富、适宜的低幼读物，经常和幼儿一起看图书、讲故事，丰富其语言表达能力，培养阅读兴趣和良好的阅读习惯，进一步拓展学习经验。

幼儿的语言学习需要相应的社会经验支持，应通过多种活动扩展幼儿的生活经验，丰富语言的内容，增强理解和表达能力。应在生活情境和阅读活动中引导幼儿自然而然地产生对文字的兴趣，用机械记忆和强化训练的方式让幼儿过早识字不符合其学习特点和接受能力。

教育部2012年颁发的《3~6岁儿童学习与发展指南》指出，幼儿语言发展具有以下规律。

1. 倾听与表达方面有以下3个目标

目标1 认真听并能听懂常用语言，各年龄段目标如表4-3所示：

表4-3 3~6岁儿童各年龄段认真听并能听懂常用语言发展目标

3~4岁	4~5岁	5~6岁
1. 别人对自己说话时注意听并做出回应 2. 能听懂日常会话	1. 在群体中能有意识地听与自己有关的信息 2. 能结合情境感受到不同语气、语调所表达的不同意思 3. 方言地区和少数民族幼儿能基本听懂普通话	1. 在集体中能注意听老师或其他人讲话 2. 听不懂或有疑问时能主动提问 3. 能结合情境理解一些表示因果、假设等相对复杂的句子

基于目标1的特点，我们在对幼儿进行语言教育时应注意：

（1）多给幼儿提供倾听和交谈的机会。如经常和幼儿一起谈论他感兴趣的话题，或一起看图书、讲故事。

（2）引导幼儿学会认真倾听。如成人要耐心倾听别人（包括幼儿）的讲话，等别人讲完再表达自己的观点。与幼儿交谈时，要用幼儿能听得懂的语言。对幼儿提要求和布置任务时要求他注意听，鼓励他主动提问。

（3）对幼儿讲话时，注意结合情境使用丰富的语言，以便于幼儿理解。如说话时注意语气、语调，让幼儿感受语气、语调的作用。对幼儿的不合理要求以比较坚定的语气表示不同意；讲故事时，尽量把故事人物高兴、悲伤的心情用不同的语气、语调表现出来。根据幼儿的理解水平有意识地使用一些反映因果、假设、条件等关系的句子。

目标 2　愿意讲话并能清楚地表达，各年龄段目标如表 4-4 所示：

表 4-4　3~6 岁儿童各年龄段用语言表达发展目标

3~4 岁	4~5 岁	5~6 岁
1. 愿意在熟悉的人面前说话，能大方地与人打招呼 2. 基本会说本民族或本地区的语言 3. 愿意表达自己的需要和想法，必要时能配以手势动作 4. 能口齿清楚地说儿歌、童谣或复述简短的故事	1. 愿意与他人交谈，喜欢谈论自己感兴趣的话题 2. 会说本民族或本地区的语言，基本会说普通话。少数民族聚居地区幼儿会用普通话进行日常会话 3. 能基本完整地讲述自己的所见所闻和经历的事情 4. 讲述比较连贯	1. 愿意与他人讨论问题，敢在众人面前说话 2. 会说本民族或本地区的语言和普通话，发音正确清晰。少数民族聚居地区幼儿基本会说普通话 3. 能有序、连贯、清楚地讲述一件事情 4. 讲述时能使用常见的形容词、同义词等，语言比较生动

基于目标 2 的特点，我们在对幼儿进行语言教育时应注意：

（1）为幼儿创造说话的机会并体验语言交往的乐趣。每天有足够的时间与幼儿交谈。如谈论他感兴趣的话题，询问和听取他对自己事情的意见等。尊重和接纳幼儿的说话方式，无论幼儿的表达水平如何，都应认真地倾听并给予积极的回应。鼓励和支持幼儿与同伴一起玩耍、交谈，相互讲述见闻、趣事或看过的图书、动画片等。方言和少数民族地区应积极为幼儿创设用普通话交流的语言环境。

（2）引导幼儿清楚地表达。如和幼儿讲话时，成人自身的语言要清楚、简洁。当幼儿因为急于表达而说不清楚的时候，提醒他不要着急，慢慢说；同时要耐心倾听，给予必要的补充，帮助他理清思路并清晰地说出来。

目标3 具有文明的语言习惯，各年龄段目标如表4-5所示：

表4-5 3~6岁儿童各年龄段文明用语发展目标

3~4岁	4~5岁	5~6岁
1. 与别人讲话时知道眼睛要看着对方 2. 说话自然，声音大小适中 3. 能在成人的提醒下使用恰当的礼貌用语	1. 别人对自己讲话时能回应 2. 能根据场合调节自己说话声音的大小 3. 能主动使用礼貌用语，不说脏话、粗话	1. 别人讲话时能积极主动地回应 2. 能根据谈话对象和需要，调整说话的语气 3. 懂得按次序轮流讲话，不随意打断别人 4. 能依据所处情境使用恰当的语言，如在别人难过时会用恰当的语言表示安慰

基于目标3的特点，我们在对幼儿进行语言教育时应注意：

（1）成人注意语言文明，为幼儿做出表率。如与他人交谈时，认真倾听，使用礼貌用语。在公共场合不大声说话，不说脏话、粗话。幼儿表达意见时，成人可蹲下来，眼睛平视幼儿，耐心听他把话说完。

（2）帮助幼儿养成良好的语言行为习惯。如结合情境提醒幼儿一些必要的交流礼节。如对长辈说话要有礼貌，客人来访时要打招呼，得到帮助时要说谢谢等。提醒幼儿遵守集体生活的语言规则，如轮流发言，不随意打断别人讲话等。提醒幼儿注意公共场所的语言文明，如不大声喧哗。

2. 为接下来的阅读与书写准备阶段有以下3个目标

目标1 喜欢听故事，看图书，各年龄段目标如表4-6所示：

表4-6　3~6岁儿童各年龄段听故事与看图书能力发展目标

3~4岁	4~5岁	5~6岁
1. 主动要求成人讲故事、读图书 2. 喜欢跟读韵律感强的儿歌、童谣 3. 爱护图书，不乱撕、乱扔	1. 反复看自己喜欢的图书 2. 喜欢把听过的故事或看过的图书讲给别人听 3. 对生活中常见的标识、符号感兴趣，知道它们表示一定的意义	1. 专注地阅读图书 2. 喜欢与他人一起谈论图书和故事的有关内容 3. 对图书和生活情境中的文字符号感兴趣，知道文字表示一定的意义

基于目标1的特点，我们在对幼儿进行语言教育时应注意：

（1）为幼儿提供良好的阅读环境和条件。如提供一定数量、符合幼儿年龄特点、富有童趣的图画书。提供相对安静的地方，尽量减少干扰，保证幼儿自主阅读。

（2）激发幼儿的阅读兴趣，培养阅读习惯。如经常抽时间与幼儿一起看图书、讲故事。提供童谣、故事和诗歌等不同体裁的儿童文学作品，让幼儿自主选择和阅读。当幼儿遇到感兴趣的事物或问题时，和他一起查阅图书资料，让他感受图书的作用，体会通过阅读获取信息的乐趣。

（3）引导幼儿体会标识、文字符号的用途。如向幼儿介绍医院、公用电话等生活中的常见标识，让他知道标识可以代表具体事物。结合生活实际，帮助幼儿体会文字的用途。如买来新玩具时，把说明书上的文字念给幼儿听，了解玩具的玩法。

目标2　具有初步的阅读理解能力，各年龄段目标如表4-7所示：

表4-7　3~6岁儿童各年龄段阅读理解能力发展目标

3~4岁	4~5岁	5~6岁
1. 能听懂短小的儿歌或故事 2. 会看画面，能根据画面说出图中有什么，发生了什么事等 3. 能理解图书上的文字是和画面对应的，是用来表达画面意义的	1. 能大体讲出所听故事的主要内容 2. 能根据连续画面提供的信息，大致说出故事的情节 3. 能随着作品的展开产生喜悦、担忧等相应的情绪反应，体会作品所表达的情绪情感	1. 能说出所阅读的幼儿文学作品的主要内容 2. 能根据故事的部分情节或图书画面的线索猜想故事情节的发展，或续编、创编故事 3. 对看过的图书、听过的故事能说出自己的看法 4. 能初步感受文学语言的美

基于目标2的特点，我们在对幼儿进行语言教育时应注意：

（1）经常和幼儿一起阅读，引导他以自己的经验为基础，理解图书的内容。如引导幼儿仔细观察画面，结合画面讨论故事内容，学习建立画面与故事内容的联系。和幼儿一起讨论或回忆书中的故事情节，引导他有条理地说出故事的大致内容。在给幼儿读书或讲故事时，可先不告诉名字，让幼儿听完后自己命名，并说出这样命名的理由。鼓励幼儿自主阅读，并与他人讨论自己在阅读中的发现、体会和想法。

（2）在阅读中发展幼儿的想象和创造能力。如鼓励幼儿依据画面线索讲述故事，大胆推测、想象故事情节的发展，改编故事部分情节或续编故事结尾。鼓励幼儿用故事表演、绘画等不同的方式表达自己对图书和故事的理解。鼓励和支持幼儿自编故事，并为自编的故事配上图画，制成图画书。

（3）引导幼儿感受文学作品的美。如有意识地引导幼儿欣赏或模仿文学作品的语言节奏和韵律。给幼儿读书时，通过表情、动作和抑扬顿挫的声音传达书中的情绪情感，让幼儿体会作品的感染力和表现力。

目标3 具有书面表达的愿望和初步技能，各年龄段目标如表4-8所示：

表4-8 3~6岁儿童各年龄段书面表达愿望与技能发展目标

3~4岁	4~5岁	5~6岁
喜欢用涂涂画画表达一定的意思	1. 愿意用图画和符号表达自己的愿望和想法 2. 在成人提醒下，写写画画时姿势正确	1. 愿意用图画和符号表现事物或故事 2. 会正确书写自己的名字 3. 写写画画时姿势正确

基于目标3的特点，我们在对幼儿进行语言教育时应注意：

（1）让幼儿在写写画画的过程中体验文字符号的功能，培养书写兴趣。如准备供幼儿随时取放的纸、笔等材料，也可利用沙地、树枝等自然材料，满足幼儿自由涂画的需要。鼓励幼儿将自己感兴趣的事情或故事画下来并讲给别人听，让幼儿体会写写画画的方式可以表达自己的想法和情感。把幼儿讲过的事情用文字记录下来，并念给他听，使幼儿知道说的话可以用文字记录下来，从中体会文字的用途。

（2）在绘画和游戏中做必要的书写准备，如通过把虚线画出的图形轮廓连成实线等游戏，促进手眼协调，同时帮助幼儿学习由上至下、由左至右的运笔技能。鼓励幼儿学习书写自己的名字。提醒幼儿写写画画时保持正确姿势。

（五）社会交往发展目标与特点

幼儿社会领域的学习与发展过程是其社会性不断完善并奠定健全人格基础的过程。人际交往和社会适应是幼儿社会学习的主要内容，也是其社会性发展的基本途径。幼儿在与成人和同伴交往的过程中，不仅学习如何与人友好相处，也在学习如何看待自己、对待他人，不断发展适应社会生活的能力。良好的社会性发展对幼儿身心健康和其他各方面的发展都具有重要影响。

家庭、幼儿园和社会应共同努力，为幼儿创设温暖、关爱、平等的家庭和集体生活氛围，建立良好的亲子关系、师生关系和同伴关系，让幼儿在积极健康的人际关系中获得安全感和信任感，发展自信和自尊，在良好的社会环境及文化的熏陶中学会遵守规则，形成基本的认同感和归属感。

幼儿的社会性主要是在日常生活和游戏中通过观察和模仿潜移默化地发展起来的。成人应注重自己言行的榜样作用，避免简单生硬的说教。

社会交往是幼儿锻炼和发展语言能力的重要途径，幼儿的社会交往目标主要从人际交往和社会适应两个方面进行阐述。

人际交往方面有以下四个维度的目标。

目标1 愿意与人交往，各年龄段目标如表4-9所示：

表4-9　3~6岁儿童各年龄段人际交往意愿发展目标

3~4岁	4~5岁	5~6岁
1. 愿意和小朋友一起游戏 2. 愿意与熟悉的长辈一起活动	1. 喜欢和小朋友一起游戏，有经常一起玩的小伙伴 2. 喜欢和长辈交谈，有事愿意告诉长辈	1. 有自己的好朋友，也喜欢结交新朋友 2. 有问题愿意向别人请教 3. 有高兴的或有趣的事愿意与大家分享

基于目标1的特点，我们在幼儿社会交往方面应注意：

（1）主动亲近和关心幼儿，经常和他一起游戏或活动，让幼儿感受到与成人交往的快乐，建立亲密的亲子关系和师生关系。

（2）创造交往的机会，让幼儿体会交往的乐趣。如利用走亲戚、到朋友家做客或有客人来访的时机，鼓励幼儿与他人接触和交谈。鼓励幼儿参加小朋友的游戏，邀请小朋友到家里玩，感受与朋友一起玩的快乐。应多为幼儿提供自由交往和游戏的机会，鼓励他们自主选择、自由结伴开展活动。

目标2　能与同伴友好相处，各年龄段目标如表4-10所示：

表4-10　3~6岁儿童各年龄段人际交往技能发展目标

3~4岁	4~5岁	5~6岁
1. 想加入同伴的游戏时，能友好地提出请求 2. 在成人指导下，不争抢、不独占玩具 3. 与同伴发生冲突时，能听从成人的劝解	1. 会运用介绍自己、交换玩具等简单技巧加入同伴游戏 2. 对大家都喜欢的东西能轮流、分享 3. 与同伴发生冲突时，能在他人帮助下和平解决 4. 活动时愿意接受同伴的意见和建议 5. 不欺负弱小	1. 能想办法吸引同伴和自己一起游戏 2. 活动时能与同伴分工合作，遇到困难能一起克服 3. 与同伴发生冲突时能自己协商解决 4. 知道别人的想法有时和自己不一样，能倾听和接受别人的意见，不能接受时会说明理由 5. 不欺负别人，也不允许别人欺负自己

基于目标 2 的特点，我们在幼儿社会交往方面应注意：

（1）结合具体情境，指导幼儿学习交往的基本规则和技能。如当幼儿不知怎样加入同伴游戏或提出请求不被接受时，建议他拿出玩具邀请大家一起玩；或者扮成某个角色加入同伴的游戏。对幼儿与别人分享玩具、图书等行为给予肯定，让他对自己的表现感到高兴和满足。当幼儿与同伴发生矛盾或冲突时，指导他尝试用协商、交换、轮流玩、合作等方式解决冲突。利用相关的图书、故事，结合幼儿的交往经验，和他讨论什么样的行为受大家欢迎，想要得到别人的接纳应该怎样做。多为幼儿提供需要大家齐心协力才能完成的活动，让幼儿在具体活动中体会合作的重要性，学习分工合作。

（2）结合具体情境，引导幼儿换位思考，学习理解别人。如幼儿有争抢玩具等不友好行为时，引导他们想想"假如你是那个小朋友，你有什么感受？"让幼儿学习理解别人的想法和感受。

（3）和幼儿一起谈谈他的好朋友，说说喜欢这个朋友的原因，引导他多发现同伴的优点、长处。

目标 3　具有自尊、自信、自主的表现，各年龄段目标如表 4-11 所示：

表 4-11　3~6 岁儿童各年龄段人际交往中自尊、自信、自主能力发展目标

3~4 岁	4~5 岁	5~6 岁
1. 能根据自己的兴趣选择游戏或其他活动 2. 为自己的好行为或活动成果感到高兴 3. 自己能做的事情愿意自己做 4. 喜欢承担一些小任务	1. 能按自己的想法进行游戏或其他活动 2. 知道自己的一些优点和长处，并对此感到满意 3. 自己的事情尽量自己做，不愿意依赖别人 4. 敢于尝试有一定难度的活动和任务	1. 能主动发起活动或在活动中出主意、想办法 2. 做了好事或取得成功后还想做得更好 3. 自己的事情自己做，不会的愿意学 4. 主动承担任务，遇到困难能够坚持而不轻易求助 5. 与别人的看法不同时，敢于坚持自己的意见并说出理由

基于目标3的特点，我们在幼儿社会交往方面应注意：

（1）关注幼儿的感受，保护其自尊心和自信心。如能以平等的态度对待幼儿，使幼儿切实感受到自己被尊重。对幼儿好的行为表现多给予具体、有针对性的肯定和表扬，让他对自己的优点和长处有所认识并感到满足和自豪。不要拿幼儿的不足与其他幼儿的优点作比较。

（2）鼓励幼儿自主决定，独立做事，增强其自尊心和自信心。如与幼儿有关的事情要征求他的意见，即使他的意见与成人不同，也要认真倾听，接受他的合理要求。在保证安全的情况下，支持幼儿按照自己的想法做事；或提供必要的条件，帮助他实现自己的想法。幼儿自己的事情尽量放手让他自己做，即使做得不够好，也应鼓励并给予一定的指导，让他在做事中树立自尊和自信。鼓励幼儿尝试有一定难度的任务，并注意调整难度，让他感受经过努力获得的成就感。

目标4 关心尊重他人，各年龄段目标如表4-12所示：

表4-12 3~6岁儿童各年龄段人际交往中尊重他人能力发展目标

3~4岁	4~5岁	5~6岁
1. 长辈讲话时能认真听，并能听从长辈的要求 2. 身边的人生病或不开心时表示同情 3. 在提醒下能做到不打扰别人	1. 会用礼貌的方式向长辈表达自己的要求和想法 2. 能注意到别人的情绪，并有关心、体贴的表现 3. 知道父母的职业，能体会到父母为养育自己所付出的辛劳	1. 能有礼貌地与人交往 2. 能关注别人的情绪和需要，并能给予力所能及的帮助 3. 尊重为大家提供服务的人，珍惜他们的劳动成果 4. 接纳、尊重与自己的生活方式或习惯不同的人

基于目标4的特点，我们在幼儿社会交往方面应注意：

（1）成人以身作则，以尊重、关心的态度对待自己的父母、长辈和其他人。如经常问候父母，主动做家务。礼貌地对待老年人，如坐车时主动为老人让座。看到别人有困难能主动关心并给予一定的帮助。

（2）引导幼儿尊重、关心长辈和身边的人，尊重他人劳动及成果。如提醒幼儿关心身边的人，如妈妈累了，知道让她安静休息一会儿。借助故事、图书等给幼儿讲讲父母抚育孩子成长的经历，让幼儿理解和体会父爱与母爱。结合实际情境，提醒幼儿注意别人的情绪，了解他们的需要，给予适当的关心和帮助。利用生活机会和角色游戏，帮助幼儿了解与自己关系密切的社会服务机构及其工作，如商场、邮局、医院等，体会这些机构给大家提供的便利和服务，懂得尊重工作人员的劳动，珍惜劳动成果。

（3）引导幼儿学习用平等、接纳和尊重的态度对待差异。如了解每个人都有自己的兴趣、爱好和特长，可以相互学习。利用民间游戏、传统节日等，适当向幼儿介绍我国主要民族和世界其他国家和民族的文化，帮助幼儿感知文化的多样性和差异性，理解人们之间是平等的，应该互相尊重，友好相处。

社会适应方面有以下三个维度的目标。

目标1 喜欢并适应群体生活，各年龄段目标如表4-13所示：

表4-13　3~6岁儿童各年龄段群体适应能力发展目标

3~4岁	4~5岁	5~6岁
1. 对群体活动有兴趣 2. 对幼儿园的生活好奇，喜欢上幼儿园	1. 愿意并主动参加群体活动 2. 愿意与家长一起参加社区的一些群体活动	1. 在群体活动中积极、快乐 2. 对小学生活有好奇和向往

基于目标1的特点，我们在幼儿社会交往方面应注意：

（1）经常和幼儿一起参加一些群体性的活动，让幼儿体会群体活动的乐趣。如参加亲戚、朋友和同事间的聚会以及适合幼儿参加的社区活动等，支持幼儿和不同群体的同伴一起游戏，丰富其群体活动的经验。

（2）幼儿园组织活动时，可以经常打破班级的界限，让幼儿有更多机会参加不同群体的活动。

（3）带领大班幼儿参观小学，讲讲小学有趣的活动，唤起他们对小学生活的好奇和向往，为入学做好心理准备。

目标2 遵守基本的行为规范，各年龄段目标如表4-14所示：

表4-14　3~6岁儿童各年龄段行为规范遵守能力发展目标

3~4岁	4~5岁	5~6岁
1. 在提醒下，能遵守游戏和公共场所的规则 2. 知道不经允许不能拿别人的东西，借别人的东西要归还 3. 在成人提醒下，爱护玩具和其他物品	1. 感受规则的意义，并能基本遵守规则 2. 不私自拿不属于自己的东西 3. 知道说谎是不对的 4. 知道接受了的任务要努力完成 5. 在提醒下，能节约粮食、水电等	1. 理解规则的意义，能与同伴协商制定游戏和活动规则 2. 爱惜物品，用别人的东西时也知道爱护 3. 做了错事敢于承认，不说谎 4. 能认真负责地完成自己所接受的任务 5. 爱护身边的环境，注意节约资源

基于目标2的特点，我们在幼儿社会交往方面应注意：

（1）成人要遵守社会行为规则，为幼儿树立良好的榜样。如答应幼儿的事一定要做到、尊老爱幼、爱护公共环境、节约水电等。

（2）结合社会生活实际，帮助幼儿了解基本行为规则或其他游戏规则，体会规则的重要性，学习自觉遵守规则。如经常和幼儿玩带有规则的游戏，遵守共同约定的游戏规则。利用实际生活情境和图书故事，向幼儿介绍一些必要的社会行为规则，以及为什么要遵守这些规则。在幼儿园的区域活动中，创设情境，让幼儿体会没有规则的不方便，鼓励他们讨论制定规则并自觉遵守。对幼儿表现出的遵守规则的行为要及时肯定，对违规行为给予纠正。如幼儿主动为老人让座时要表扬；幼儿损害别人的物品或公共物品时要及时制止并主动赔偿。

（3）教育幼儿要诚实守信。如对幼儿诚实守信的行为要及时肯定。允许幼儿犯错误，告诉他改了就好。不要打骂幼儿，以免他因害怕惩罚而说谎。低年龄幼儿经常分不清想象和现实，成人不要误认为他是在说谎。发现幼儿说谎时，要反思是否是因自己对幼儿的要求过高过严造成的。如果是，要及时调整自己的行为，同时要严肃地告诉幼儿说谎是不对的。经常给幼儿分配一些力所能及的任务，要求他完成并及时给予表扬，培养他的责任感和认真负责的态度。

目标3 具有初步的归属感，各年龄段目标如表4-15所示：

表4-15 3~6岁儿童各年龄段归属感建立程度发展目标

3~4岁	4~5岁	5~6岁
1. 知道和自己一起生活的家庭成员及与自己的关系，体会到自己是家庭的一员 2. 能感受到家庭生活的温暖，爱父母，亲近与信赖长辈 3. 能说出自己家所在街道、小区（乡镇、村）的名称 4. 认识国旗，知道国歌	1. 喜欢自己所在的幼儿园和班级，积极参加集体活动 2. 能说出自己家所在地的省、市、县（区）名称，知道当地有代表性的物产或景观 3. 知道自己是中国人 4. 奏国歌、升国旗时能自动站好	1. 愿意为集体做事，为集体的成绩感到高兴 2. 能感受到家乡的发展变化并为此感到高兴 3. 知道自己的民族，知道中国是一个多民族的大家庭，各民族之间要互相尊重，团结友爱 4. 知道国家的一些重大成就，爱祖国，为自己是中国人感到自豪

基于目标3的特点，我们在幼儿社会交往方面应注意：

（1）亲切地对待幼儿，关心幼儿，让他感到长辈是可亲、可近、可信赖的，家庭和幼儿园是温暖的。如多和孩子一起游戏、谈笑，尽量在家庭和班级中营造温馨的氛围。通过和幼儿一起翻阅照片、讲幼儿成长的故事等，让幼儿感受到家庭和幼儿园的温暖，教师的和蔼可亲，对养育自己的人产生感激之情。

（2）吸引和鼓励幼儿参加集体活动，萌发集体意识。如幼儿园和班级里的重大事情和计划，请幼儿集体讨论决定。应经常组织多种形式的集体活动，萌发幼儿的集体荣誉感。

（3）运用幼儿喜闻乐见和能够理解的方式激发幼儿爱家乡、爱祖国的情感。如和幼儿说一说或在地图上找一找自己家所在的省、市、县（区）名称。和幼儿一起外出游玩，一起看有关的电视节目或画报等；和他们一起收集有关家乡、祖国各地的风景名胜、著名的建筑、独特物产的图片等，在观看和欣赏的过程中激发幼儿的自豪感和热爱之情。利用电视节目或参加升旗等活动，向幼儿介绍国旗、国歌以及观看升旗、奏国歌的礼仪。向幼儿介绍反映中国人聪明才智的发明和创造，激发幼儿的民族自豪感。

四、7~10岁儿童认知发展特点[*]

（一）具体运演阶段的第一水平

7~8岁这个年龄一般是概念性工具发展的一个决定性的转折点；儿童已对之感到满足的、那些内化了或概念化了的活动，由于具有可逆性转换的资格而获得了运演的地位，这些转换改变着某些变量，而让其他的变量保持不变。再者，这个基本的创新必须看作由于协调获得进展的结果，运演的基本特点就是它们成为可闭合系统或"结构"。这一事实保证它们借助于正转换和逆转换而形成组合的必要条件。

然而，得说明这样一种根本质变的创新，也就是说，它与前一阶段根本不同，可又一定不能把它看成一个绝对的开始，而只能看成经过或多或少连续不断的转换而产生的结果。绝对的开始在发展过程中是永远看不到的，新的东西如我们已能证明的那样，是逐步地分化或渐进协调的结果，或者是这两者同时作用的结果。因此，把一个阶段的行为与它之前的各阶段的行为分开的基本区别必须看作一个向极限的过渡，而每一阶段的独有特点则是我们需要加以确定的。这种情况的一个例子，就是从一些先后相继的实物活动向这些活动在思维中的同时性表象的过渡，我们曾认为这标志着符号功能开始出现。在当前关于运演的知识的情况下，我们又遇到一个类似的时间过程：预见和回顾融合成一个单一的活动——这是运演可逆

---

[*] 此部分内容参见：皮亚杰. 发生认识理论原理［M］. 王宪钿，等译. 胡世襄，校. 北京：商务印书馆，1981.

性的基础。

序列化在这里提供了一个特别清楚的例子。当要求儿童按顺序排列十来根长短差别很小的（需要对比）棍子时，在前运演阶段第一水平上的儿童会把棍子分成一对一对的（一根短的和一根长的，等等），或者分成三个一组（一根短的、一根中等的和一根长的，等等），但不能把它们协调成一个单一的序列。第二水平上的被试儿童则可以排成正确的序列，但是要经过尝试错误和改正错误。另外，6~10岁儿童的阶段上，被试儿童就常常用一种逐步排除法，先找最短的棍子，然后再从剩下的棍子中找最短的，一直这样做下去。这里有一个假定：任一元素E既长于已经摆出来的各元素，如E＞D，C，B，A，同时又短于尚未摆出来的各个元素，如E＜F，G，H，等等。因此，在这一阶段引入的创新是能同时运用"＞"和"＜"这两个关系，而不是以一种关系排斥另一种关系，或者以尝试错误那种无系统的替换的方式来处理关系。在此前各个水平上，被试的处理方式是只能朝单一的方向（"＞"或"＜"）进行，而当他被问到另一个可能的方向时，就会感到困惑不解。但是从现在往后看，他的处理办法就是同时考虑两个方向（因为所要找的E元素被看作既是E＞D，又是E＜F），并且他很容易地从这一个方向转到另一个方向；所以可以说在这种情况下预见（指向这两种意义中的一种）和回顾相互联系起来了，这就有助于使系统具有可逆性。

因此，一般来说——这既适用于分类也同样适用于序列化。跟此前一些水平上的简单"调节"相反，运演的极限特性是指不是在事后、不是在活动已实际作出之后才去改正，而是对错误预先就予以纠正，靠的是正运演和逆运演的相互作用，换言之，是预见和回顾相结合的结果，或者更确切地说，是对回顾本身的一种可能的预见的结果。在这一方面，运演形成了在控制论中有时称为"完整的"调节的那种东西。

运演的另外一个极限特性，自然是同前一个特性相互联系的，这就是系统的闭合性。在出现运演性的序列化之前，被试能通过尝试错误而做到经验性的序列化；在对归类（A＜B）作量的规定的运演性分类之前，他能凑成一些形象的集合体甚或是非形象的集合体；在对数进行综合之前，他已经能数到某一整数，但在形象改变时就没有总数的守恒；如此等等。从这个角度来看，最后的运演结构似乎是一种连续建构过程的结果；但是刚刚说过的预见和回顾的融合却意味着系统的自身闭合，而这又牵涉到一个实质性的创新：系统的内部关系获得了必然性，而且，如果与前一阶段没有联系，就不再继续建构下去。因此，这种必然性反映出一种向极限的真正过渡，因为闭合是能够以不同的程度完成的，并且只是在完成的那个时刻，闭合才获得这些必然的内部关系。于是这些内部关系就呈现出两个互相联系着的特性，这两个特性是往后这同一个水平上的一切运演结构所共有的，这就是传递性和守恒性。

很显然，归类或关系的传递性（如果 A≤B 和 B≤C，则 A≤C）是同系统的闭合性联系的：只要系统的闭合是通过尝试错误形成的，是以系列化的方式，先建立部分的关系，然后再协调为一个整体，那么，就不可能存在作为必然关系的那种传递性，传递性就只能是通过 A＜B＜C 诸元素的同时被知觉而成为自明的。但是，在什么程度上主体能预见到两种相反关系（"＞"和"＜"）的同时存在，传递性就在什么程度上作为系统的一条规律而出现，这恰好是由于存在一个系统，也就是说存在闭合的缘故，因为每一个元素在这个系统中的位置都是事先由形成系统过程中所用的同一种方法决定的。

守恒为运演结构的形成提供了最好的指标，它跟传递性和结构的闭合性二者都是紧密联系的。它与传递性的联系是明显的；因为一个人如果因为 A＝B 和 B＝C 而知道 A＝C，这是因为有某种特性从 A 到 C 不变地保持着；另外，如果被试承认 A＝B 和 B＝C 这两个守恒是必然的，他就会用同样的论点推论出 A＝C 来。儿童在这个阶段常常用来说明守恒的三类主要论据，全都表示着一个自我闭合结构所特有的组合性，自我闭合结构的内在转换既不超越这一系统的极限，而内在转换的发生，也不要求有任何外部元素的出现。在说明守恒的最常见的一种论据中，被试只是说，同一个集合体或客体在从 A 状态改变为 B 状态时，它的数量保持不变，因为"没有加上什么也没有去掉什么"，或者简单地说："因为东西还是原来的东西。"很显然，我们在这里讨论的不再是前一水平所特有的质的同一性（理由很简单，质的同一性并不需要量的相等或守恒）。所以，用"群"的术语来说，所涉及的是同一性这个算子 ±0，而这个算子仅在一个系统之内才有意义。在说明守恒的第二类论据中，从 A 到 B 守恒的理由是，人们能够把 B 状态恢复到 A 状态（由反演产生的可逆性）。这又是一个系统内部的运演问题。在前一水平上，儿童有时也承认 B 状态实际上可能恢复到 A 状态，但是，这并不必然有名副其实的守恒。在第三类论据中，被试说，因为客体虽然加长了，但又变窄了，所以数量没有变（或者说，这个集合体虽然分散占了更多的空间，可是它们之间的距离却不那么近了）。被试有时也说，两个变化中的一个补偿了另一个（由关系的互反产生的可逆性）。在这些场合，这就更为清楚，儿童是从一个有系统而且自身闭合的整体来进行思维的。他并不进行量度以估计所发生的变化，而是先验地以一种纯粹演绎的方式对变化的补偿作用作出判断，这暗含着整个系统的不变性这一初步假设。

　　这是个相当大的进展，就其逻辑方面来说，它标志着具体运演阶段的开始。向作为先后两个水平之间的分界线的极限（如我们所说过的）的过渡是复杂的，实际上包含了三个互相联系的方面。第一方面是使高级结构从低级结构中产生出来的反身抽象。例如，作为序列化的基础的排列顺序，是从经验上的两个一对，三个一组和顺序排列等建构中早已出现的局部的序列化中演化出来的；运演性分类所特有的组合是从形象性的集合和形成前运演概念所根据的局部组合中演化出来的，等等。第二方面是协调，这种协调是朝向系统整体的，因而是倾向于通过把这些分散的顺序或局部的联合等联结起来以产生出系统的闭合。第三方面是这种协调过程所特有的自我调节。它使系统的联结就正反两方面而言达到平衡。换句话说，平衡的获得是极限过程的突出特征，同时也是使这些系统具有独特的，有异于以前的新特征的原因，特别是运演可逆性的原因。

这些不同的方面，也可以从儿童根据归类和顺序关系综合整数概念这一过程中再次分析出来。一个有数值的或可数的集合体，更不用说一个可计数的集合体了，是跟那些仅仅可以分类或可以序列化的集合体相反的，其头一个特征是它把个别项的质抽出来，使所有的个别都成为等值的。于是它们仍然能够以重叠的类的形式排列起来：(I)＜(I＋I)＜(I＋I＋I)＜……但这种排列只是在它们彼此之间可以区别的情况下才行，否则同一个元素可能被数两次，或者另一个元素被漏掉而没有被数到。一旦个别元素 I，I，I 等借以区分的质已被消除，它们就会难以辨别；而且，如果人们还局限于从事与质有关的类的逻辑运演，就只能产生 A＋A＝A 这种同语反复，而不是 I＋I＝Ⅱ这种迭代。在没有质的差别的情况下，唯一可能保留的差别就是 I→I→I……这个顺序（空间上的或时间上的位置，或数数的顺序）所产生的差别，尽管这是一个可以替换的顺序，即不管其中各项怎样排列，其顺序都保持不变。所以数表现为归类运演和序列化运演的融合，亦即一旦对作为分类和序列化运演的基础的互有区别的质进行抽象时，就立即成为必要的那么一种综合。这样，整数的建构看来是与这两种运演结构的形成同时发生的。

正如我们谈到的，这个新发展显示出一切运演的建构的三个主要方面：有反身抽象，它产生了归类关系和顺序关系；有新的协调，它把这两种关系联合成为一个整体 ｛[(I) → (I)] → (I)｝ 等；有自我调节或平衡，它容许系统内的转换向两个方向进行（加和减的可逆性），从而保证每个整体或子整体的守恒。然而，这并不是说数的综合是在分类和序列化的结构已完成之后才发生的，因为自前运演水平往后就出现了那种没有总数守恒的形象的数；数的形成能够促进归类的形成，其促进程度等同于，有时且大于归类之促进数的形成。所以，看来是从最初的结构开始，就能够存在有归类关系和分数的顺序关系的反身抽象以服务于多种目的，而在类、关系和数这三个基本结构之间具有可变的旁系关系。

空间性运演（《研究报告》第十八卷和第十九卷）是与前面这些运演紧密平行地形成起来的，只是归类不再是像离散的客体那样以相似性和质的差别作为依据，而是以邻近和分离为依据。整体不再是不连续项的集合体，而是一个完整的、连续的客体，它的各个部分则依照邻近性原则或者联结起来，包括进来，或者分离开来。因此，分离或定位与位移的初级运演，同归类或序列化的初级运演是具有同构性的；如果我们还记得，在最初的前运演水平，空间客体和前逻辑集合体之间有相对的未分化的情况（参看按空间顺序排列的形象集合体，或根据行列的排列方法或长短来对形象的数作出估计），上述这一点就显得特别清楚了。在 7~8 岁时，这两种结构就清楚地分化了，我们于是就能把那些以不连续性和相似性或差别性（不同程度的等值）为基础的运演说成逻辑数理运演，而把那些从连续性和邻近性产生的运演说成"逻辑下"运演。因为即使它们是同构性的，它们也属于不同"类型"，并且在彼此之间不存在传递性：第一类运演是从客体开始，并且把客体组合起来或予以序列化，等等，而第二类则是把一个有连续性的物体分开。在这两类运演之间是没有传递性关系的，正如苏格拉底的鼻子，尽管是他本身的一部分，但并不是像苏格拉底这个人一样是一个雅典人，希腊人或欧洲人等。

如果我们把注意转向量度的建构上，则这个在逻辑数理运演和"逻辑下"运演或空间性运演之间的同构性就显得特别引人注目。量度的出现与数的出现非常相似，只是因为下述事实，量度的出现在时间上略迟于数的出现，这个事实就是：元素的单位不是由元素的不连续性所暗示出来的，而必须通过把连续的东西分割开来才能建构成功，并且还必须想象这种分割能够转移到客体的其他部分去。这样，量度是作为分割和有序的位移的一种综合而出现的，人们可以根据先后出现的一些行为形式来一步一步地追寻这种艰难发展的各个阶段。这种综合和建构数概念时对归类和顺序关系的综合自然是紧密地类似的。只是在这个新综合的末期，通过把数直接应用于空间连续统一性上，量度才被简化，但儿童仍然是首先要经过必要的逻辑下过程的（当然，除了给他现成的单位时才不是这样）。

现在让我们从这许多作为标志具体运演阶段头一个水平的成就转到与因果性有关的成就上去。正如前运演水平的因果性最初是心理形态学地把活动格局归因于客体，然后把活动格局分散成为一些可以客观地表现出来的功能一样，到了七八岁，在某种意义上说也存在把运演归因于客体的情况，从而使客体上升到算子的地位，其活动现在能以一种多少是理性的方式组合起来。因此，在问题是传递运动的地方，运演的传递性就牵涉到一个作为中介的"半内部的"传递概念：被试虽则继续坚持认为，比如说，是在移动中的客体使得一行被冲击客体的最后一个产生移动，因为在这一行中间的客体发生了轻微的位移，并且互相推动，然而他同时却又设想有一个"冲力"，一个"力流"等通过这些中间物。在处理两个重物间的平衡问题时，儿童将根据补偿和等量来作出考虑，从而把一些既是加法又是减法的组合归因于客体。简言之，人们可以说这是关于因果关系的运演的开始；但这并不是说以前所描述的运演是完全自主地形成的，只是在以后才归因于现实而已。相反，儿童作出因果解释时，常常是在进行运演性综合的同时，又将这综合归因于客体。这两者的同时发生是由于反身抽象所导致的运演形式同依靠简单抽象而从实物经验中抽出来的材料——这种材料能够促进（或阻碍）逻辑结构和空间结构的形成——这两者之间的种种不同的相互作用而实现的。

最后讲的这一点把我们引到了这个水平所固有的极限去，或者说引到了一般具体运演所特有的极限去。与 11~12 岁所达到的，我们称为形式运演——这些运演的特点是有可能通过假设来进行推理，并要求把形式的联结和内容的真实性分别开来的那个阶段截然不同，"具体"运演是直接与客体有关的，因此它似乎同前运演水平一样，纯粹是主体作用于客体的问题，所不同的是现在这些活动（或者说在客体被看成因果性算子时被归因于客体的那些活动）被赋予了一种运演的结构，也就是说，它们可以以一种传递和可逆的方式组合起来。情况既然如此，就容易了解，某些客体或多或少是容易适合于这种结构的，而另一些客体则不是如此；这就是说，形式迄今还没有同内容分开，同一些的具体运演将适用于不同的内容，只是在时间先后上有所不同。因此，就重量来说，量的守恒、系列化等，甚至等量的传递性，都只有将近九十岁时才能掌握，而在七八岁时只能掌握比较简单的内容。原因就在于重量是一种力，重量的因果关系的动力学特性对于这种运演的结构化是一种阻碍。然而，当运演的结构化确乎出现时，儿童就使用他在七八岁时用于守恒、序列化或传递性的同一些方法和同一些论据了。

具体运演结构的另一个基本的局限性在于它们的组成是一步一步进行的，而不是按照任何一种组合原则。这就是"群集"结构的本质特征，这种结构的一个简单例子就是分类。如果 A、B、C 等是一些交互重叠的类，A′、B′、C′是它们的补余，则下面这些等式都是能够成立的：

(1) $A + A' = B$；$B + B' = C$；等等

(2) $B - A' = A$；$C - B = B'$；等等

(3) $A + 0 = A$

(4) $A + A = A$，由此得出 $A + B = B$；等等

(5) $(A + A') + B' = A + (A' + B')$ 但：$(A + A) - A. A + (A - A)$ 因为：$A - A = 0$，而 $A + 0 = A$

在这个情况下，如 A + F′这样一个非邻接的组成就不会产生一个简单的类，而其结果是：$(G - E' - D' - C' - B' - A')$。再者，这就是一个动物学分类的群集的情况，在这里"牡蛎 + 骆驼"是不能以别的方法结合起来的。虽然数的综合似乎应该可以避免这些局限性——因为整数跟零、负数一起形成一个群，而不是一个"群集"——然而，具体运演阶段第一水平的特点之一就是，即便是数的综合也只能"一步一步地"发生。格雷科证明，自然数的构成只是依照我们可以称为一个逐步的算术化的过程而产生的，这种算术化的各阶段的特点大致可用 1—7、8—15、16—30 等数来描

述。超出这些极限的进展是相当缓慢的——数就仍然只包含有归类的方面或序列化的方面，只要这两个特点的综合还处于未完成状态之下就一直会是如此。

由于 $A + A' = B$，$B + B' = C$，$C + C' = D$，$D + D' = E$，$E + E' = F$，$F + F' = G$ 所以 $A + F' = A + (G - F) = A + G - (E + E') = A + G - E' - (D + D') = A + G - E' - D' - (C + C') = A + G - E' - D' - C' - (B + B) = A + G - E' - D' - C' - B' - (A + A') = G - E' - D' - C' - B' - B' - A'$

这儿的意思应该是"正整数"才符合逻辑，后面的负数也是负整数的意思。

（二）具体运演阶段的第二水平

在这个子阶段（9~10岁），除第一水平已经达到其平衡的那些不完全的形式之外，又达到了"具体"运演的一般平衡。但是进一步看，正是在这个阶段，具体运演的性质本身所特有的缺陷开始在某些方面尤其是在因果关系方面表现出来；这些新的不平衡状态在某种意义上说就肇始了一种完全的再平衡，这种再平衡是下一阶段的特点，它的迹象甚至在这个水平上有时也能看到。

这个子阶段在逻辑关系下或者说空间关系的领域内表现得特别明显。8岁以后，在对自身是同一的客体——其对主体的地位已有所改变——的看法和观点的变化方面形成了某些运演。但是仅在将近9~10岁，人们才能谈到对客体集合体（如坐落在不同地方的三座大山或建筑物）的观点的协调。在这个水平上，一维、二维或三维空间的量度也导致自然坐标的建构，把它们联系成为一个完整的系统。因此，儿童只有在将近9~10岁，才能预言在一个向一边倾斜的容器内水的表面是水平的，或者预言靠近一个斜面的一根铅线是垂直的。

认知是指个体获得知识并运用的过程。认知是人基本的心理过程，感知、注意、思维、想象通常都被认为是认知的一部分。小学生的认知能力即其思考和解决问题的能力，是完成学习任务必要的心理能力。

1. 从被动注意到主动注意

注意是一种属于认知的心理现象，被人们所熟知。在我们的日常生活中，常常会听见"小心""聚精会神""目不转睛"等一些形容注意的词语。需要区别的是注意不是认识过程，而是认识过程的一种属性，这种属性是指人在认识事物过程中意识的指向和集中。没有意识参与的注意只能称为"视而不见听而不闻"。注意是一种有意识参与的内部心理活动，这种心理活动有时候会从学生的外部动作表现出来，但这些动作与心理活动并不都是一一对应的。例如，小学生在课堂上眼睛一直看着书本或老师，但实际上他的注意力有可能并不在书本和老师身上。首先，小学生注意发展最显著的特点是注意的有意性由被动变为主动。人们通常说的注意是指有意注意，即学生需要运用有意注意才能集中意志力在学习等活动上，没有意识参与的注意叫作无意注意。有意注意的发展随年龄的增长而增长，学龄前儿童在参与活动时更多的是利用无意注意，进入小学后有意注意逐渐发展，虽然尚不完善，具有容易分散的特点，但是在新的生活条件下，由于儿童的主导活动发生了变化——由游戏变成学习，在教与学的过程中老师会要求小学生运用意志去注意一些事物，培养学生的有意注意，学生的有意注意就会逐渐由低级向高级发展。随着学习生活不断地向小学生提出新的要求，其原有的无意注意无法应对这些新的要求，于是就会产生矛盾。教师与家长应该注意到这一矛盾，并采取多种方式使其学会运用有意注意，帮助学生使其注意力由低级向高级发展。其次，直观形象的事物最能吸引学生的注意。小学生在进入小学之后一般能够按照老师的指示完成相应的注意活动。但是小学生尤其是低年级的小学生由于形象思维发展还处于低级向高级过渡的时期，所以直观的事物更容易吸引学生的注意，而概念、理论等抽象的东西则不容易吸引学生的注意。学生的学习主要是要掌握知识与概念，虽然随着认识和意志的发展和一定时间的学习实践活动，以及学生智力水平的发展，学生会逐渐自觉地把注意力集中到抽象、概括的教材上去（当然这种注意只是相对而言的，小学生不可能像成年人或青少年一样专门学习一些抽象的概念），但是在小学阶段，直观性对于学生注意力的吸引是非常重要的。在音乐欣赏课的教学中，教师应该注意到这一特点，多使用一些直观的教具。最后，小学生的注意带有一定的情绪色彩。小学生大脑与神经系统活动的内抑制能力发展还不成熟，容易受外界新鲜、突变或运动的事物所吸引。同时这个时期的儿童对自己生活中的事件往往会产生十分强烈的反应，这种情绪的反应在儿童的注意上也打下了烙印。这一特点可具体表现为课堂上如果教师讲得生动活泼，富有表情，学生就会听得很认真，表现出一本正经的样子，当听懂了、听得高兴，就会露出笑容甚至手舞足蹈。这一特点可以给教师教学工作带来便利，可以通过小学生的面部表情来判断其是否在认真听课。但到了中高年级，学生的情绪就比较稳定，注意的情绪性特点也没有低年级那么显著了。

2. 从机械记忆到有意记忆

记忆在人的生活中是不可或缺的，如果一个人失去了记忆，他将无法继续之前的工作或者参加各种活动。如果失去记忆，学习过的东西就像"竹篮打水——一场空"。第一，小学生记忆发展的主要特点是从机械记忆到有意记忆。从记忆的方法可以将记忆分为有意记忆和机械记忆，机械记忆是指无意识多次重复而记忆事物的记忆方法，例如常言道，"熟读唐诗三百首，不会作诗也会吟"。学龄前儿童对于自己经验范围内的事物，也可以用意义识记的方式去理解记忆。但是由于学龄前儿童的经验有限，他们的抽象思维还不发达，所以决定了他们宁愿采用机械的方式去记忆很多东西。例如，他们背诵诗文的时候，总喜欢从第一个字开始逐字逐句地读，而不去领会和分析诗文描述了什么内容，而且他们也没有足够的词汇量来表达自己的意思。当他们进入小学阶段，情况就发生了变化，随着思维和语言水平的提高，由机械的背诵逐渐转化成按意思识记了。

第二，小学生识记事物时有意记忆方式逐渐超过无意记忆。无意记忆是指没有意识参与的识记事物，学龄前儿童主要的记忆方式便是无意记忆，他们很少主动去记忆某件事物。初入小学的学生仍然保持着学龄前儿童无意记忆的特点，但是小学的学习任务让他们不能只学习自己感兴趣的内容了，老师会要求他们学习一些自己并不感兴趣但是必须学习的事物，使学生的有意记忆能力得到培养。当然，有意识记的发展并不意味着完全否定无意识记的作用，事实上，无意记忆也在起作用，因为学生的学习兴趣和学习习惯是在不断变化发展的。

3. 感知觉从浅层到深层

感觉是人脑对直接作用于感觉器官的客观事物的个别属性的反应，知觉则是对事物整体属性的反应。知觉是在感觉基础上形成的。各种感觉在构成知觉便发生了有机联系。感知觉的发展在小学阶段最显著的特点是会随着年龄的增长不断从浅层向深层发展，教育对感知觉的发展有促进作用。这强调了良好的教育对儿童感知觉发展的重要性。

感知觉与意志的发展也有关系，低年级学生的感知过程不稳定，易受其他心理干扰，例如注意、情绪等，而高年级学生随着意志力的发展，可以通过意志力控制自己的感知觉，让自己对某一事物有意识地、长时间地感知。

4. 从具体形象思维到抽象逻辑思维

思维虽然和感知觉一样，都是对客观事物的反应，但也有所不同，感知觉是对客观事物的直观认知，而思维却是经过人脑加工的间接认知，"透过现象看本质"这句俗语就是思维过程的体现。学生思维能力的发展是一个逐渐从具体形象思维向抽象思维过渡，最终以逻辑思维为主要思维形式的过程。按照皮亚杰的认知发展阶段理论，小学低年级（6~7岁）的学生处于前运算思维阶段，在这一阶段学生思维特性是具体形象性。学生掌握的都是直观具体的知识和简单的可直接感知的概念，例如，随着具体的音阶画面感受音的高低变化。到了小学高年级（9~12岁），学生才逐渐开始会辨别抽象概念与具体事物的区别，这时逻辑抽象思维已经占据主要地位，但需要注意的是这种逻辑抽象思维与成人的抽象思维是不一样的，仍带有很大的具体性，需要联系感性经验。即使小学阶段学生的思维发展总体趋势是由形象思维向抽象思维过渡，但是这也不代表小学高年级的学生就不需要具体思维了。

此外，小学阶段学生思维的发展存在不平衡性。例如，在音色的辨别上，儿童由于已经积累了较多的直接经验，所以可以离开直观的实物进行抽象思维，分辨出不同乐器、人声的音色，但是学习旋律时还停留在具体的表象思维上，对旋律变化的把握还存在较大的困难。

5. 从无意想象到有意想象

想象是在客观事物的影响下，在言语的调节下，人脑中已有的表象经过改造和结合而产生新表象的心理过程。

想象在人认识世界和改造世界的过程中起着很大的作用，特别是艺术作品的创作，需要想象的参与。想象在音乐学习活动中也占很重要的地位，如果没有想象，就不能很好地理解音乐作品形象及意境。小学生的想象发展最主要的特点是从无意想象到有意想象。学龄前儿童很大程度上依靠的是无意想象，他们的经验多为直接经验，内容还不丰富，想象也在不断发展，想象的主题容易变化，不稳定。在学校学习中，教师会要求学生有意识地按照教学主题去展开想象，这有助于想象有益性的发展。此外，小学生的想象发展过程中创造的成分日益增多。小学低年级学生的想象多为简单的重现，这是因为其抽象思维逻辑思维水平发展低，所以想象中富于模仿、再现。随着小学生年龄的增长，知识、认识和思维的发展，想象中的创造性成分越来越多，想象也越来越富有逻辑性。

(三) 情感意志发展特点

此时期儿童情感意志发展的特点体现在情感不断丰富，意志调节与支配能力逐步提高。皮亚杰认为，儿童的认知发展是分阶段的，而且情感与认知是平行发展的。在小学阶段，小学生情绪的内容不断丰富，例如，除一般的喜怒哀乐之外，开始有了集体荣誉感以及和同学们互帮互助的友谊感，等等。随着年龄的增长，情感不断深刻，小学生的情感除了在内容上发生变化，在深度上也有所发展，例如，学龄前儿童的高兴也许只是因为得到了新玩具，但小学生的高兴扩大到集体受到表扬的集体荣誉感，等等。小学阶段学生的情感控制能力也在不断增强，低年级学生也许在明知学习任务未完成的情况下仍然被其他事物吸引，随着年龄的增长，情感的冲动性不断减少，小学生可以逐渐克服诱惑而优先完成学习任务。当小学生个体意识逐渐形成之后，各种情感也逐渐系统化，构成与道德、理智和审美活动诸方面有关的高级情感。例如，学生在学习活动中，通过对祖国的文化、历史等方面的了解深入，产生强烈的爱国主义情感，这是道德感的体现；理智感从对周围事物的兴趣开始，发展为对真理的追求、对知识的渴望，小学生的理智感比幼儿要丰富，但是比起青少年来说要低得多，还没有达到自觉意识的水平；美感的产生是与审美需要联系的，小学生的美感是在音乐、舞蹈、绘画等活动中逐渐发展起来的，他们更多关注的是作品中的具体内容、具体形象，而不是作品的艺术性。

小学生的意志发展虽较之学龄前儿童已有很大进步，但还不完善。学龄前儿童的意志力较弱，稍具难度的学习活动都无法完成，进入小学后，随着学习活动的要求，小学生逐渐可以调节控制自己的意志力。所有这些情感和意志发展的特点，都使小学生可以更好地完成学习任务和发展优良的个性品质。

(四) 个性发展的特点

此时期儿童个性发展的特点体现在个性特点的形成和自我认识更加明

确。个性就是个人对其他人所显示的带有倾向性的、稳定的、独特的、整体性的面貌，如性格、偏好等。通过学生问卷调查可知，小学阶段大部分学生开始有自己偏好的音乐类型和聆听方式，这是受个性发展所影响的。学生进入小学后开始明确自己是一个独立的个体，随着社会、家长对小学生学习活动的关注，小学生需要按照某些要求来对照检查自己的行为，将更加关注自我。小学生的自我认知发展还体现在对自己的评价上，小学低年级的学生和学龄前的儿童差不多，自我评价的能力还很差，经常以老师、家长等人对自己的评价为标准，他们可以顺利地评价同学，但是难以评价自己，此外，低年级的儿童在评价他人时，容易只看见缺点而看不见优点，具有片面性。随着年龄的增长，儿童的评判能力得到发展，不仅能评价缺点，也能评价优点，小学生自我评价发展还体现在能够逐渐认识到自己的缺点，并尽力改掉这些缺点；小学低年级学生只能评价自己的外部行为，到了小学中、高年级，小学生开始对自己的内部品质进行评价。例如，高年级学生会评价自己勤奋、诚实，是一名好学生，而低年级的同学会评价自己受到了老师的表扬，是个好学生。

综上所述，小学阶段是学生心理发展的重要时期。在学校教育正确的影响下，小学生在小学高年级，即童年期结束的时候，抽象逻辑思维已经达到了一定水平，自觉性和批判性也开始有了一定的发展，这为他们进入青少年时期乃至成人期之后的学习生活和更高的心理发展水平奠定了基础。

第五章　儿童语言标准化教学参考

　　儿童语言教学是教育中非常重要的一个环节，是为孩子打开语言大门的一把钥匙。随着社会的不断发展，教学方法对提升儿童语言能力有着不可替代的作用。幼儿时期是儿童学习语言的最佳阶段，此时儿童正处于一生中对于语言最敏感的时期，因此如果幼儿园能够以一种合理和有效的教学手段进行教学，那么就会取得显著的成效。

一、培养儿童语言能力的重要性

　　对于人类而言，语言至关重要，语言是人类交流的重要工具，对于儿童群体而言，提高语言能力对于其之后的学习和生活等都具有重要影响，因此在对儿童的教育过程中，更加需要提高对儿童语言表达能力的培养重视程度。具体来看，培养这一能力有以下两方面作用。

　　其一，培养儿童语言表达能力，可以有效丰富他们所掌握的语言知识量，这对于有效开展情境语言口语教学活动具有重要意义，可以引导儿童在这一活动中实现与其他小朋友之间的交流和沟通，当他们掌握一定的基础语言之后，才能形成对周边事物的具体认知和具象分析，从而更好地理解一些为人处世的道理。

其二，培养儿童语言表达能力可以实现对他们思想品德方面的教育，在这一过程中，通过向儿童群体传递语言表达能力的深刻意义和重要性，由此来鼓励他们尝试表达自己的真实想法，这一方面可以使受培养的儿童更好地理解老师及家长、小伙伴的想法，另一方面可以提高自身表达能力和表达意愿，从而实现更好的发展。

二、培养儿童语言能力的意义

（一）有利于提高儿童认知能力

儿童阶段的孩子，每个人都像一张白纸，他们对社会的认知少之又少，需要通过不断的知识经验积累才能形成一定的认知能力。语言是帮助孩子理解和表达的工具，也是提高幼儿认知能力的重要方式。在儿童语言教学中，我们先从口语开展教学，因为口语更能与儿童的实际生活和学习相贴合，口语和经验的结合便是儿童认知能力形成的初始阶段。持续不断的语言教学则是儿童认知不断提升的过程，在每一次学习中，孩子就像一棵小草一样，不断吸收着养分，慢慢长大。

（二）有利于提高儿童表达能力

表达能力对任何阶段的孩子都是非常重要的，同样对孩子的学习、社交等都有着不可替代的作用。儿童时期的孩子很多时候不能表达出自己的想法，不能说出完整的句子，这是因为孩子的表达能力不足引起的。儿童接触的环境是丰富多彩的，而孩子的词汇却相对匮乏，语言的运用也不够精准，这显然会影响孩子的学习和发展。所以儿童语言教学应该融入各个环节，从中引导孩子说完整的话，说规范的话，说自己想说的话。

（三）有利于开发智力思维

语言教学追求的是逻辑性、实用性和艺术性。实用性是引导孩子正确表达一件事物，而逻辑性是在此基础上进行更深层次的思考，孩子通过思考组织自己想说的语言，同时在接受外界的语言信息之后还能通过大脑进行处理，最终形成一定的逻辑思维，艺术性是孩子在精准描述某件事物的基础上赋予其更多的情感和描述。这些内容都是开发孩子智力和思维的重要内容，因此语言教学对孩子的学习成长有着举足轻重的作用。

（四）有利于儿童的学习成长

孩子在学习任何知识之前都需要以语言为基础，儿童学习语言的过程也是感知和理解语音和符号的过程。有声语言是以说话人所发出的和听话人所听到的声音作为物质形式而存在的。在儿童阶段，我们需要让孩子了解的是有声语言，而度过童年之后不断培养孩子的语言能力，才能学会更多的生活常识和其他领域的技能，才能促进孩子的成长。

三、现阶段儿童语言教学中存在的问题

（一）教学方法不够丰富，教学内容设置呆板

当前我国正在全面推进教学改革，幼儿园的教学目标和教育理念也发生了一些改变。新时期的幼儿教育更加重视学生德育能力的培养和渗透，要求幼儿能够更加全面健康的成长。传统的教学方法相对呆板，并没有充分考虑到幼儿语言发展的实际需求，尤其3~6岁的幼儿自控能力很差，他们的注意力往往很难集中。在此前提下，如果教师仍然沿用传统枯燥的教学方法，不能够结合幼儿实际的心理特征来设计并展开教学活动，导致幼儿在长期传统教育环境下产生一定的抵触心理，进而导致教学效果大幅度降低，这并不利于幼儿语言能力的培养。

例如，有些幼儿园会在大班下半学期设计一个"我要上小学了"的活动，每年五六月便例行公事"参观小学"，但为了不影响小学生上课，于

是要求幼儿沿着参观线路只看不说、只听不谈，回到幼儿园后教师才另行组织幼儿在游戏区进行简短的回顾和谈话，这样在失去真实语言环境的状态下，幼儿往往由于记忆模糊或谈话氛围约束失去积极表达的愿望，失去和同伴交流的机会，教师也因此错失了参观活动中的语言教育活动的契机。

（二）教学内容过于表面化

在新时期的教学环境下，我们高度重视德育教育工作，很多儿童教师都充分认识德育教育的重要性，并且积极践行这一理念。但是结合实践经验，部分儿童教师的德育教育是非常浮于表面的，并没有真正地将德育知识传授给学生。由于儿童阶段的孩子往往注意力难以集中，所以很多教师会选择引入花里胡哨的图片和材料来吸引学生的眼光。这样一来，虽然儿童的注意力被充分地集中起来，而且课堂活跃度有所提高，但是在一定程度上脱离了教学目的，导致教学内容过于表面化，教学活动的价值无法体现。

教师会为幼小衔接阶段的儿童安排"有趣的汉字""有趣的拼音"等阅读专题，但对该活动的内涵和意义挖掘不够充分，只简单地理解成让儿童多认识几个汉字、多学会几个拼音。在阅读区放置故事书，也空有"增加阅读量"的美名而未真正落实幼儿的阅读计划。对培养幼儿的阅读兴趣，萌发对汉字的喜爱的认识不够深刻，语言活动的教育内涵未得到挖掘。

（三）学校教育与家庭教育存在分裂化问题

对于儿童群体而言，其在接受知识和培养能力的过程中，不仅需要发挥学校教育的作用，同时需要发挥家庭教育的作用，这对于提高他们的语言表达能力而言至关重要。因此，为了最大限度提高儿童语言教育活动的开展效果，学校需要加强与家庭教育的联合，提高对家庭教育的重视程度，但具体来看，当前大部分学校及教师群体明显忽视了家庭教育的重要性，再加上教师与家长之间沟通互动不多，从而导致在语言能力教学方面存在家庭教育缺失的问题，同时会出现学校教育与家庭教育分裂化的现象，这一方面会影响儿童群体在学习内容和学习能力方面的效果，另一方面会影响儿童语言表达能力的培养。

四、儿童口才培养的教学模式

（一）常见教学模式的理论基础

长期以来，我国的儿童口才培训课程都是以培训者的讲解、分析为主，以受训者的记忆、练习为辅；以静态的语音形式操练为主，以动态的语流内容运用为辅；以显性教育为主，以隐性教育为辅。施训者按照传统教育思想理念，过分强调依纲扣本，严格围绕教材内容进行教学。受训者学到的是侧重于静态的语言符号，使用起来没有活力。事实上，儿童口才培训课程不像一般专业课那样侧重理论知识的传授，而是以理论知识的掌握为前提，解决学习如何会说、怎样说好等语言技能的问题。因此可以说，儿童口才培训课程是理论与实践紧密结合的一门动态的语言学课程。语言技能的形成不仅是知识性的，还是实践性的；不仅是机械操练式的，还是交际语用式的；不能光靠培训者外在的输入，还需要受训者内驱的学习；等等。所以，儿童口才培训教与学不仅是一个知识传递与接受的过程，更是一个主动获取知识与应用于实践的过程，而获取知识的过程就是一个不断产生问题、分析问题、解决问题并形成新的认知结构的过程。在这一学习过程中，培训者的地位毋庸置疑，但受训者更需要发挥自己的主观能动性。因此，儿童口才培训课程不是单一的语音技能课，而是关系到受训者语文素养全面发展的课程，其最终目的不仅是要通过普通话水平测试和提高受训者普通话的标准程度，而且要增强受训者运用普通话进行表达的能力。下面就以建构主义理论为基础，总结建构主义理论对普通话教学组织的启示。

建构主义（constructivism），也称结构主义。建构主义认为，儿童是在与周围环境相互作用的过程中，逐步建构起关于外部世界的知识，从而使自身认知结构得到发展的。儿童与环境的相互作用涉及两个基本过程："同化"与"顺应"。同化是指个体把外界刺激所提供的信息整合到自己原有认知结构内的过程；顺应是指个体的认知结构因外部刺激的影响而发生改变的过程。同化是认知结构数量的扩充，而顺应则是认知结构性质的改变。认知个体通过同化与顺应这两种形式来达到与周围环境的平衡：当儿童能用现有图式去同化新信息时，他处于一种平衡的认知状态；而当现有图式不能同化新信息时，平衡即被破坏，而修改或创造新图式的过程就是寻找新的平衡的过程。儿童的认知结构就是通过同化与顺应过程逐步建构起来，并在"平衡—不平衡—新的平衡"的循环中不断地丰富、提高和发展。个体的学习是在一定的历史、社会文化背景下进行的，社会可以为个体的学习发展起到重要的支持和促进作用。总之，建构主义理论的内容很丰富，但其核心用一句话就可以概括：以学生为中心，强调学生对知识的主动探索、主动发现和对所学知识意义的主动建构。

建构主义理论强调以"学"为中心，认为语言的学习不仅是获得语言知识，更是创造性地运用语言结构，它突出了建构中受训者的主体性和自主性，使受训者由外部刺激的被动接受者和知识的灌输对象转变为发现信息、主动参与信息加工的主体和知识意义的主动建构者，而施训者也从知识的传授者、灌输者转变为受训者学习的组织者、指导者和帮助者。建构主义的教学模式多采用多媒体、网络等高科技手段创造语言学习环境，将语言与内容融合起来，让受训者在获得学科知识的同时，自然提高语言运用能力和学习兴趣。此外，受训者的学习活动不仅是对所学材料的识别和理解过程，还是对该学习过程的自我观察、自我评价和自我调节的元认知过程。应该说，建构主义为教学提供了一套原则或一些强有力的系列理论，它在很多方面不同于传统教学理论。下面从知识观、教学观、学习观、师生角色、教学方式等角度，探讨建构主义指导下的儿童口才培训教学。

1. 知　识　观

在建构主义看来，知识是人们对客观世界的一种解释、假设或假说，它必将随着人们认识程度的深入而不断变革、升华和改变，出现新的解释和假设。真正的理解只能是由学习者自身基于自己的经验背景而建构起来的，取决于特定情境下的学习活动过程。传统理论认为知识是静止的，而建构主义认为知识是动态的，甚至能随个体的经验而变化。或许应该这样来理解知识：知识的最终意义是受训者自我建构的过程，并非全部由施训者认知系统的直接移植。

儿童口才培训课程的教学以知识为切入点，以语言能力的培养为最终目标，包括理论知识的接受和技能的掌握两个方面，教学培训中需要遵循知识性教学和技能性教学相结合、语言理论向语言能力转化的原则，反映出口才培训教学的特点和规律，避免重理论知识传授、轻实践能力培养，或重实践能力培养、轻理论知识传授这两种不良倾向。培训中必须处理好理论知识与实践能力培养的关系，系统理论知识的传授应贯彻"简明、形象、实用"的原则，紧密结合受训者的语言实际，使理论起到指导、点拨训练的作用；技能训练在理论的指导下学习、有序地进行，切忌停留在"依葫芦画瓢"的简单模仿阶段，造成高耗低效的后果，挫伤受训者的积极性。

2. 教　学　观

受建构主义启发，我们认为，施训者在培训过程中，应该尊重受训者本身对各种现象的理解，倾听他们当下的看法，思考他们这些想法的由来，并以此为据，引导受训者丰富或调整自己的解释。培训者与受训者、受训者与受训者之间需要共同针对某些问题进行探索，并在探索的过程中相互交流和质疑，了解彼此的想法。

教育可分为显性教育和隐性教育。显性教育是现今学校教育的主要形式，即培训者通过外显讲解的方式，让受训者有意识有目的地获取显性知识的活动方式及过程。隐性教育即引导受训者在教育环境中，通过内隐学习获取有益于个体身心健康和个性全面发展的隐性知识的活动方式及过程。隐性教育与显性教育具有不同特点和各自的优势，它们相互补充，共同对人的成长发生作用。虞旻泓、刘爱伦通过实验调查研究得出结论：内隐学习在第二语言语音学习中存在优势效应，即隐性教育相对于显性教育体现出更大的优势。❶ 所以在口才培训课程中，施训者必须转换角色，以受训者为中心，增加隐性教育的范围，联系实际情境，为受训者创造一个轻松愉快的语言环境，鼓励受训者会话交流与协作，让受训者始终保持良好的心理氛围和宽松的思考环境，消除思想顾虑，既要满足受训者的学习要求，更要有效地培养受训者的自主学习能力与自主建构知识能力，从根本上提高其对口才学习的兴趣，改变学习态度。

3. 学 习 观

在建构主义看来，学习不是由施训者把知识简单地传递给受训者，而是由受训者自己建构知识的过程。学习不是简单被动地接收信息刺激，而应主动地建构知识的意义，是每个学习者以自己原有的知识经验为基础，对外部信息进行主动地选择、加工和处理，建构自己的理解，从而获得自己的意义的过程。外部信息本身没有什么意义，意义是学习者通过新旧知识经验间的反复、双向的相互作用过程而建构的。在这一过程中，学习者原有的知识经验因为新知识经验的进入而发生调整和改变。总之，学习过程不是简单的信息输入、存储和提取，而是学习者与学习环境之间互动的

---

❶ 罗语嫣. 阈下语义启动的长时效应实验及其军事应用启示［D］. 长沙：国防科技大学，2018.

过程。

在儿童口才培训课程中，受训者应对自己的学习负责，受训者要根据各自的知识水平和认知能力来掌握、调控自己的学习过程，确定学习目标，制订学习计划，监控学习过程，评估学习结果。在这一过程中，施训者不仅要教给受训者知识，更重要的是指导受训者学习方法，帮助受训者制定科学的学习策略。

4. 师生角色

施训者是受训者建构知识的忠实支持者。施训者应该给受训者提供真实的问题，激励受训者提出解决问题的多重观点，应该要成为受训者建构知识的积极帮助者和引导者，提供或创设良好的学习环境以帮助受训者找到新旧知识联系的结点，激发受训者提高语音标准度、增强语言敏感度的兴趣，并通过尽可能地组织和引导协作、讨论、交流、辩难，使受训者的意义建构能朝更有益的方向发展。

儿童口才培训教学中的施训者应具备三种基本能力，分别阐述如下：

第一，分辨判断能力。施训者在进行口才教学培训中，一是，应能辨别出受训者错误或缺陷发音的问题出现在什么地方，是声母、韵母、声调还是语流音变；具体是什么问题，是个别问题还是系统问题，是方言的影响还是自身的语音系统偏差。二是，面对局部听起来都还比较标准，但整体自然流畅度不够的现象，要能善于分辨出是语音的熟练程度不够还是表达内容不充实，是表达技巧欠缺还是观念认识有所偏差，是客观能力的缺失还是主观能力的松懈。分辨判断力要求施训者理论实践技术全面的同时，听力要尤其灵敏。这样才能够既有整体认识，又能听出细微的问题存在，可能"抓大补小"，也就是既不放过局部问题，也不纠缠于细节而忽略了整体。

第二，解决问题能力。受训者最期待的是能从施训者处获知解决问题的方法。比如，怎样解决尖音问题、前后鼻音不分的问题，怎样做到表达流畅等。这需要施训者能较好地掌握普通话语音及有声表达的理论知识，教学中注意实践和积累经验，随时关注受训者全面的效果并且及时作出调整。另外，施训者要让受训者重视老师教给的对策，更要引导他们在理论学习和实践的基础上，自己寻找对策，关注效果，再调整对策，提高自我指导的能力。

第三，示范能力。示范能力是语言施训者尤其是语音施训者非常重要的一项能力。示范包括发音示范，声、韵、调、语流音变的标准发音，还包括进入语流状态的语句、语段、语篇的流畅表达，其中包括一定的朗读能力和即兴口语表达的能力。因此，语言施训者必须增强自己的语言表达能力，多投入这方面的实践，从而增强示范能力，并更多地理解受训者，才能体会什么方法最有效。总的说来，施训者的理论功底要扎实，这样才不限于口口相传，才能更好地指导受训者提高普通话发音能力和语言表达能力，帮助受训者更好地进行新知识的构建。施训者要投入大量的语言实践，关注语言实际生活，使教学效果作用于生活，利用好生活这个最大的练声场。

受训者是教学活动的积极参与者和知识的积极建构者。面对新情况新任务，受训者要用积极的心态去展开旧的认知图式，并努力寻求它与新情况、新任务之间的联系点，这种新旧知识、经验、情感的联系，主要通过思考完成，思考则需要探索与发现。口才学习中受训者也应具备三项能力：

第一，语音听辨能力、模仿能力。学习主体要想提高普通话的语音标准和熟练程度，必须对语音比较敏感。这种敏感体现在听和说两个环节。听的时候要有较好的听辨能力，要听得出音色、音高、音长、音强的细微差别，还要能听出并熟悉整体的语调走势；说的时候要有较强的模仿能力，除了音素、音节的跟读，还要注意多听标准流畅的普通话，增强语感，逐步内化，继而可以整体模仿。因此，好的语言环境有利于标准普通话的学习。

第二，理解能力、表达能力。在语言交际中，对于接收到的信息都要有一定的理解分析能力，包括听解、观解和思辨。对语言背后的意义要理解分析，并且做出相应的思考之后有自己的反应，然后用得体的方式表达出来。这不仅要求受训者熟悉该语言的基本表述习惯，还要用一颗敏感而理智的心去体味。究竟以怎样的语言形式表述出来，选择怎样的色彩类型和分寸，要有一定的交际能力和语言驾驭能力。表述出来的语言形式，应该是切合语境、符合自己、适合对象，能获得良好的表达效果。此外，口才学习还要重视课堂教学的模拟交际状态，也要重视生活中的真实交际状态。在不同的语境中，通过听说、看说、想说以及文字表达练习，培养锤炼理解和表达能力。

第三，自主学习能力。口才培训的过程既是寻找方言母语和普通话异同的过程，也是口语语音系统进行重新构建的过程。学习者进行普通话发音与方言发音比照的同时，找出自己在语音音色方面的难点，比如说平翘舌的区分、前后鼻韵母的区分、方言调值和普通话调值的细微差别等，然后对这些难点逐个击破，重新构建自己的口语语音系统，这些都需要自主的学习态度与自主的学习精神。

5. 教学方式

建构主义学习理论认为，理想的学习需要会话、沟通、协作，大家提出不同看法以促进个体反省思考，在相互质疑辩证的过程中，用各种不同的方法解决问题、建构知识。所以，儿童口才培训应注重互动的学习方式，鼓励受训者积极地参与教学过程，以主人翁的身份积极参与意义建构的过程，实现原认知结构的转变。

综上所述，建构主义指导下的儿童口才培训课程的教学理论如图5-1所示。

```
           ┌─────┐
           │ 教师 │
           └─────┘
  ┌────┐  ┌─────────┐  ┌─────┐  ┌─────┐
  │知识│→│执行(训练)│→│情境 │→│生活 │
  └────┘  └─────────┘  └─────┘  └─────┘
           ┌─────┐
           │ 学生 │
           └─────┘
```

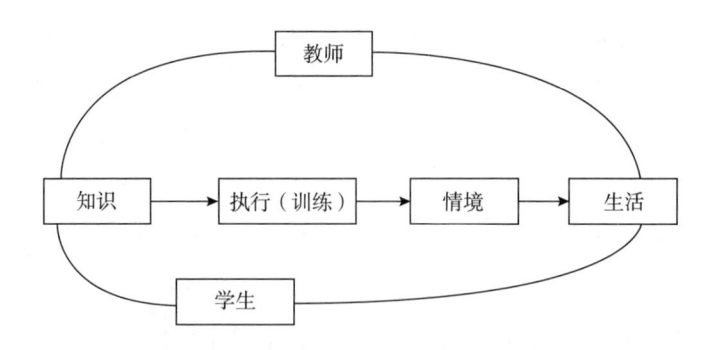

图 5-1　建构主义指导下的儿童口才培训课程的教学理论

第一，通过施训者嵌入式教学以及受训者之间的合作学习，凭借自己的主动学习和生成学习，学习语音基本知识并进行相关训练。第二，施训者设计真实、复杂、具有挑战性的开放的学习环境和问题情境，诱发、驱动并支撑受训者探索思考问题解决的口语实践活动；提供机会并支持受训者同时对学习内容和过程进行反思和调控。第三，儿童口才最终一定要回归生活，学习者走向生活、融入生活，将口才看作一种基本生活手段和生活能力，利用生活中的一切教育资源进行口才的实践与学习。

（二）可以选择的几种教学模式

1. 常规改良教学模式

常规改良教学模式沿袭传统教学培训统一要求、统一上课、统一步调的模式，以班级形式进行，每班大约 20 人，但对教学内容进行了改良和整合，教学设计上也进行了修改。整个教学在以往注重语音基础练习的同时，更加强了语音基本单位在语流中的训练，帮助学习者整体提高口才水平。

常规改良教学模式如图 5-2 所示：

第五章 儿童语言标准化教学参考

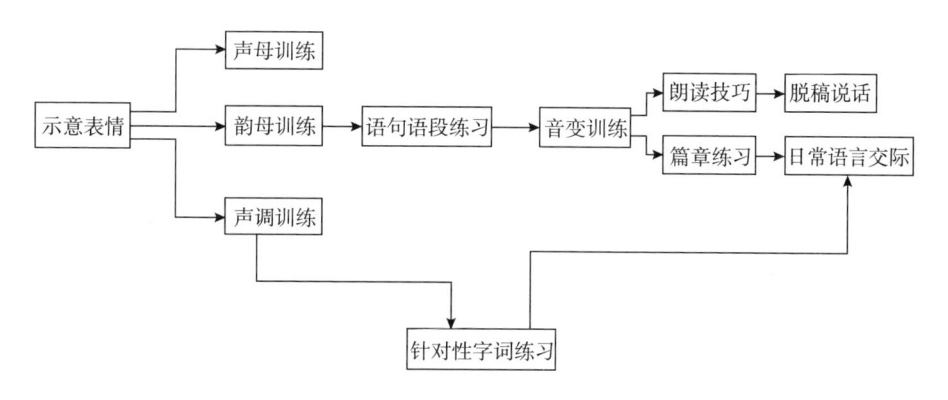

```
示意表情 → 声母训练
示意表情 → 韵母训练 → 语句语段练习 → 音变训练 → 朗读技巧 → 脱稿说话
示意表情 → 声调训练                              → 篇章练习 → 日常语言交际
声调训练 → 针对性字词练习
```

图 5-2 常规改良教学模式

【模式说明】

（1）示意表情。

示意表情，顾名思义，就是表示或表达感情和情意。人的表情主要有三种方式：面部表情、语言声调表情和身体姿态表情。此处所指是面部表情和语言声调表情。我们知道，面部各个器官是一个有机整体，协调一致地表达出同一种情感，面部肌肉松弛表明心情愉快、轻松、舒畅，面部肌肉紧张表明痛苦、严峻、严肃。另外，语言本身可以直接表达人的复杂情感，如果再配合恰当的语气语调、速度、重音、节奏旋律等，就可以更加丰富生动、完整准确地表达人的思想感情。比如人悲哀时，语速慢、音调低、音域起伏较小；激动时，声音高且尖、语速快、音域起伏较大。也就是说，只要从人说话时声音的高低强弱、音域起伏、腔调节奏、速度等方面领会其"言外之意"，就能判断人的说话情绪和意图，所以在学习口才培训之前，一定要先掌握语言的示意表情，而练习音素时，则不仅要注意它们基本的准确发音，还要注意词义的示意表情表达。

（2）声母训练。

口才培训中的声母系统，最关键的是要了解和熟悉它们的发音部位和发音方法。可以利用图文、手势等方法，让受训者完全掌握普通话声母的发音要领，鼓励受训者找到自己口音和普通话在声母方面的差异，重新构建自己的普通话声母系统。

（3）韵母训练。

口才培训中的韵母系统的难点音相对来说比较复杂，不同的方言有不同的表征，即使同一组文字在不同的方言里表现也有差异。学习普通话韵母系统，最关键的是要了解和熟悉发音时舌位的前后高低、唇形的宽窄圆扁。可以利用图文、手势等方法，让受训者完全掌握普通话韵母的发音要领，并鼓励受训者找到自己口音和普通话在韵母方面的差异，重新构建自己的普通话韵母系统。

（4）声调训练。

在口才培训的声调系统学习之前，要注意两个方面：一是学习者在学习语音时把较多注意力和时间放在声母和韵母部分，而忽视了声调；二是大部分学习者对声调的认识不够，只掌握了知识层面上的，没有实践操作上的。声调是由一定的音高、音强和音长构成的，在实际发音时，对这三个语音物理要素的把握将直接决定声调的正确与否，其中，音高是最主要的因素。普通话四个声调都容易出问题，具体表现概括为：阴平调值偏低，在有的方言里甚至不是平调，表现为升调或降调；阳平收音过低或过高，调型拐弯；上声低音哑，时值短，曲折过硬，调型变形；去声时值短，归音不到位，在还有的方言里表现为升调。可以利用图文、手势等方法，让受训者完全掌握普通话声调的调类调值，并鼓励受训者找到自己口音和普通话在声调方面的差异，重新构建自己的普通话声调系统。

（5）语句语段练习。

口才培训中，单音节及多音节的字词训练是对基本音素和音节标准的训练。这个环节非常重要，可以避免静态化字词训练所引起的生涩，所以，在受训者掌握好普通话的声韵调后，就应该进行语句语段的练习，在要求发音标准的同时追求表达的流畅程度。

（6）音变训练。

这个环节包括了普通话语音基础知识中的轻声、儿化、变调、"啊"

的变读。其中，轻声是普通话最常见的一种音变现象，儿化是普通话中的一个有机组成部分，它们是体现普通话标准程度、检验发音是否纯正地道的重要因素。变调包括了上声的变调、"一""不"变调、形容词的变调等。

（7）朗读技巧和篇章练习。

口才培训的读单音节字和多音节词语两项主要是考核被测人的发音标准度，而作品朗读和命题说话则增加了流畅程度这一考核项，即运用普通话表达时的熟练度和自然度。口才培训中的朗读技巧包括句调、停顿、重音和语速四个内容，当前，停顿已改为停连，即词语之间、句子之间、段落或层次之间声音上的中断和延续。停与连都是思想感情发展变化的要求，停连不合适会直接导致语句不流畅、语调生硬甚至破坏语意的完整，所以，当受训者完全掌握朗读技巧后就应该进行篇章练习。

（8）脱稿说话。

口才培训中，"发音标准"和"自然流畅"两个要求做到后，就应该进行脱稿说话训练。刚开始时可采用命题说话形式，当达到一定水平后可选取即兴说话方式继续练习。

（9）日常语言交际。

语音的教学不能脱离交际环境，口才培训最终为了语言运用，语言本身也是用于交际的。在语音教学中进行音节分析，把音节分成声母、韵母和声调，甚至又把韵母分成韵头、韵腹和韵尾等，从细节结构上更好地把握发音，但这种练习是局部的、暂时的，迟早要回到整体动态的日常语言交际中。

（10）针对性字词练习。

儿童口才培训教学的任何阶段都要反观语音小单位的发音问题，坚持进行针对性的字词练习。

总之，常规改良教学模式对传统的教学内容、教学设计进行了改良优化，在注重语音基础练习的同时，加强了语音基本单位在语流中的动态性练习，也注意了示意表情的训练。不过，该模式不太适合授课时数为20小时以内的短期培训班，且对施训主体的口语表达能力和课堂组织能力提出了比较高的要求。

2. 层级分类教学模式

层级分类模式以班级形式进行，每班大约40人。这种模式需施训者对受训者进行语音摸底，根据受训者的语音面貌、兴趣、认知水平、学习需要等因素将之分为高级（89分以上）、中级（82~89分）、初级（82分以下）三个目标层次，然后根据不同层级的班级，确定教学目的，传授不同层次的知识。层级分类模式彻底打破传统教学培训统一要求、统一上课、统一步调的局限，充分尊重受训者的个体差异，有益于促进各类受训者积极主动地投身于口才的系统更新与建构。

层级分类模式如图5-3所示：

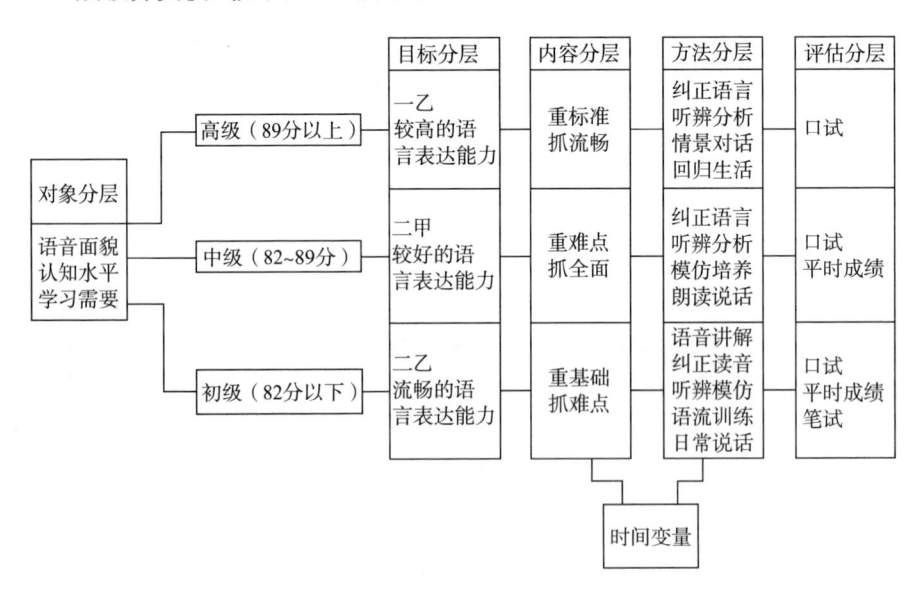

图5-3 层级分类教学模式

【模式说明】

（1）教学对象分层。所谓教学对象分层，就是科学地对受训者进行分层，这是分层教学的核心，它的客观性与科学性直接关系到分层教学目标及其效果的实现。

（2）教学目标分层。儿童口才培训课程的具体对象有共时平面上的层级性，因此，与此相适应，它的教学目标也具有共时平面上的层级性。这个目标的确定依据是学习者原有的普通话基础和其语言学习能力。此外，教学目标的分层必须能为普通话基础不同、语言学习能力不同的学习者指明具体目标并能科学检测这些目标的实现程度。

（3）教学内容分层。培训者以教学对象不同层级的水平为参照，根据不同层级的教学目标，确定教学内容的详略主次、难点重点等，以达到教学目的。其中，高级班的受训者语音基础较好，有方音但不明显，语言表达能力较强。对这类受训者要"重标准、抓流畅"，找出他们存在的个别难点音的发音缺陷进行纠正，语音标准后，要和词语的示意表情联系起来进行训练，进一步提高朗读不同类型书面材料的水平和说话的能力，做到表达得自然流畅。另外，还可以开展朗诵、演讲等项目的训练，着重培养受训者的普通话运用能力，调动受训者内在的创造性。中级班的受训者语音基础一般，方音比较明显，语言表达能力一般。对这类受训者要"重难点、抓全面"，纠正发音的错误，加强难点音的训练，在发音准确的基础上进行词语示意表情的练习，再训练运用普通话朗读和说话的能力，在课堂教学中可以侧重运用普通话进行日常交际的训练。初级班受训者语音基础比较差，方音明显，语言表达能力较弱。对这个层级的受训者应"重基础、抓难点"，教学要从最基本的发音训练开始，声母、韵母、声调、音变这些基础的语音知识，要根据自己的错误进行有针对性的练习，做到最基本的发音准确，再循序渐进地进行普通话语流训练，此外，还应重视受训者在日常生活中的语言运用情况。

（4）教学方法分层。针对不同层次的受训者，培训教学方法也应该是有区别的，这样才能满足不同层次受训者的学习要求。其中，高级班常用的方法有：根据词语，设想语境，进行示意表情训练；充分利用各种教学资源，组织受训者听录音，看视频，分析不同类型作品的朗读技巧，明白局部准确和整体流畅的关系；设置情境对话，培养语感；鼓励受训者广泛进行口语交际，使儿童口才培训教学回归生活。初级班常用的方法有：采取图示、手势等多种发音训练方法，增强受训者对普通话语音知识的感性认识，使受训者找到自己的问题，尽快纠正错误；听普通话录音音频，让受训者揣摩体会再进行语言模仿，不断加强言语实践和语感刺激；设置情景对话，将受训者分成若干组，设置情境展开短语对话，进行语言流中整体语调和流畅程度的训练；脱稿说话。为受训者提供更多听说训练的机会，提高受训者交际的兴趣。中级班可对高级班、初级班的常用方法进行混合运用。

（5）时间变量。考虑课堂的教学特点、受训者层级水平等因素，在教学内容和教学方法上合理安排时间。

（6）教学评估分层。根据各层次受训者的教学目标，对各层次受训者进行分类考查评估。其中，对于高级班的受训者，主要考查受训者的整体运用能力，所以考核方式以口试为主。对于中级班的受训者，主要考查受训者对普通话基本知识的掌握和运用情况，考核以平时成绩与口试相结合的方式。对于初级班受训者的评估是动态的，可以让受训者清楚地看到自己在学习中的变化。另外，如果受训者中存在学习的"特殊困难户"，我们在组织固定性"层级班"教学的同时，可以进一步针对同一水平的不同特殊要求的特殊受训者再实施分类教学。

层级分类模式可以根据不同层级的班级，确定不同教学目标，采用不同的教学与评估方式，培养不同层级的能力素质，是口才培训这种非学术性实践型课程最为理想的教学模式。不过，该模式需要管理主体和施训者做很多前期工作，施训者"踩着铃声进课堂，培训结束难再见"的现状则很难满足这一要求。

3. 合作互助教学模式

合作互助教学模式以小组形式进行，成员为 2~6 名。教学中，要保证每个成员以个人身份为其学习和参与工作负责任，教师对合作技巧给予指导，并对过程进行时间安排设计。合作互助能消除施训者主讲、受训者被动收听的局面，创造和谐、互动的氛围，培养受训者的兴趣和积极主动性，促成受训者主动建构知识，使受训者增长知识，锻炼思维能力，善于处理人际关系，培养良好的情感、意志，达到全面发展的目的。该种模式十分灵活，可以是课程中的一段时间，可以是一次课程，也可以为整个学期或学年。

合作互助模式如图 5-4 所示：

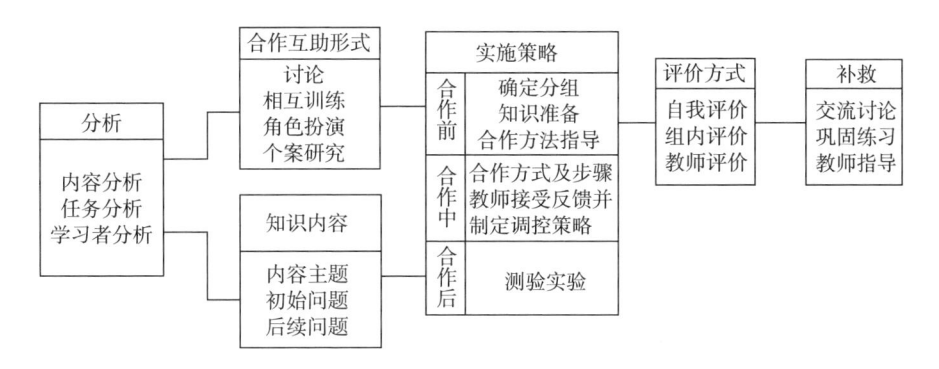

图 5-4 合作互助模式

【模式说明】

（1）内容分析。儿童口才培训课程教学内容广泛，比较灵活自由，语音问题的解决方案通常不是唯一的，所以需要确定学习任务，并将学习内容情境化、具体化，根据内容按不同的形式（讨论、相互训练、角色扮演、个案研究）进行合作互助的学习。

（2）任务分析。一是针对普通话语音基本问题或问题性环境，提出合理方案，解决问题。二是针对学习者，掌握普通话语音基本知识，培养思考能力、合作能力及语言表达能力。

（3）学习者分析。包括对学习者语音面貌、认知能力及思维水平和学习者个性差异等方面的分析。

（4）知识内容。选取适用于合作互助模式的普通话教学内容，包括：①确定内容主题。②设计初始问题，有一定的难度，但又在受训者合作解决范围之内。③设计初始问题解决完成后的一系列后续问题，直至完成认知目标。④以上问题的设计培训需要根据具体内容形成问题情境，激发受训者的动机和兴趣。

（5）实施策略。①分组：在合作前要确定分组，根据不同的目标要求采取不同的方式分组。②知识准备：不同的学习内容需要不同的前提知识准备，要考虑这些知识准备是在课下自己预习，还是在课堂上合作实施前施训者统一讲解。③合作方法指导：合作实施前告知受训者进行合作的方法。④合作方式及步骤：根据知识内容设计合作的具体方式，合理分工，保证学习目标的实现。⑤培训者调控策略：合作实施过程中对受训者的反馈信息采取调控措施。⑥测验：合作实施结束后的测验，用以检查和评估每个学习小组对任务的完成情况，并为评价打下基础。

（6）评价方式。①自我评价。受训者反省自己学习的过程，对自己的进步状况有了解。②组内评价。组内成员互相评价，使受训者对自己学习任务的完成情况有进一步的了解。③教师评价：个人培训前后差异评价，让受训者现在的水平与原来的水平作比较，看是否有进步；完成标准参照评价，让受训者现状与教学目标作比较，看其达到的程度。

（7）补救。针对评价结果设置补救措施，一般可采用培训者指导、巩固练习和经验交流等方式。采用合作互助教学模式，教学时各小组可以根据自身情况在大的教学框架内自由选取学习任务，并将学习内容情境化、具体化，根据内容选用讨论、互训、角色扮演、个案研究等不同形式进行合作互助学习，有助于改变当前施训者讲、受训者听的被动学习状态，形成自主、合作、探究的学习氛围，教学形式与教学内容都十分灵活。但该模式更适合于小班授课，当前培训中如果出现了该种模式，往往只是作为一种课堂调节。

4. 内涵拓展教学模式

所谓内涵拓展教学模式，指的是以普通话教学为基点，增添《播音主持艺术》《演讲与口才》中的相关知识与技能作为课程内容，或举办演讲、语言艺术、辩论、导游之星等拓展活动，旨在通过所延伸的各种形式，打破传统口才教学普遍重视局部语音单位训练且训练方式单一的模式，在评价普通话语音标准的时候，与示意表情联系起来，即应该有不同语体、不同语气的变化，真正做到表达自然流畅。这种模式适用于长期培训班或高起点班，可以单独使用，也可以辅助其他教学模式一起运用。内涵拓展模式如图5-5所示：

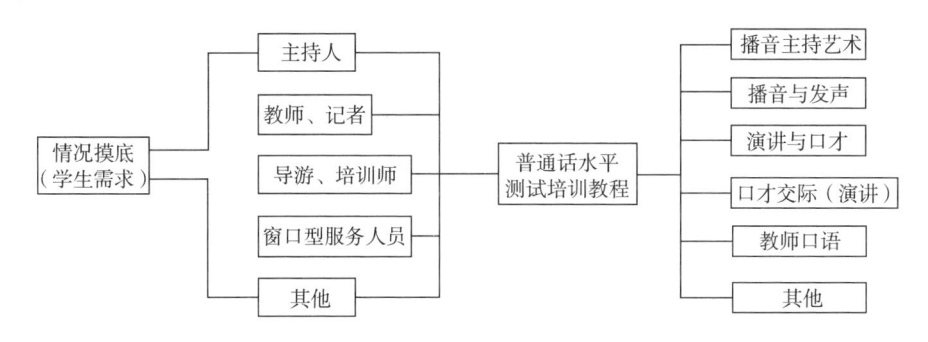

情况摸底（学生需求）→ 主持人／教师、记者／导游、培训师／窗口型服务人员／其他 → 普通话水平测试培训教程 → 播音主持艺术／播音与发声／演讲与口才／口才交际（演讲）／教师口语／其他

图5-5 内涵拓展教学模式

内涵拓展教学模式不像其他模式，它比较灵动，拓展的内容可以在普通话水平测试培训课程之前讲授，也可以放在其后。比如播音与发声课程相关内容，放在普通话培训内容之前，可以让受训者在进行普通话学习初始就掌握口腔的方法，再进行具体的语音教学，就会事半功倍，也便于学习者的自我调控；放在普通话培训内容之后，可以让受训者发挥自己的主观能动性，利用播音与发声的知识，对自己所学普通话语音知识进行重新构建，使自己的发音吐字更加清楚、准确、完整和饱满。

内涵拓展教学模式打破了当前普遍重视局部语音单位训练且训练方式单一的模式，并将普通话能力的评价与示意表情联系起来，适用于长期培训班或高起点班，可以单独使用，也可以辅助其他教学模式一起运用。但它也存在一些局限，主要体现为适应面比较窄，只适用于普通话水平测试培训长期班或者高校语言运用相关专业的普通话教学与培训。

五、儿童语言教学实施策略

（一）明确儿童语言教学目标

儿童具备一定的听力基础，因此我们在每个阶段的教学过程中都要确立明确的教学目标，然后根据目标渗透语言教学内容。例如，学校的学习目标是能够与教师、家长或同伴进行语言交流，并能利用自己学习过的语言词汇和句子完整表达自己的意愿和诉求。在教学活动中，教师要求孩子们敢于在集体活动上进行表达。尝试用人称代词进行语言表达，例如，你、我、他、我们、你们的使用。儿童阶段的孩子模仿能力是非常强的，我们应该引导孩子进行言语模仿。在日常生活中，孩子们很喜欢看动画片等，孩子们在这些活动上更喜欢模仿动画片中的人物行为和语言，说明孩子对表达和模仿是非常感兴趣的。例如，在引导孩子认识颜色以及学会使用人称代词时，我们可以通过一些画多的图片帮助孩子认识颜色，然后每个小朋友围坐在一起，说一说自己的衣服是什么颜色，旁边的小朋友衣服是什么颜色，这时候教师可以先给小朋友示范：我的衣服是黄色的，他的衣服是白色的。然后请白色衣服的小朋友进行接龙。白色衣服的小朋友会说，我的衣服是白色的，你的衣服是绿色的。这样孩子们通过一边学习知识一边进行口语表达，能够有效地完成学习目标。然后让孩子带着所学到的知识回归家庭，和爸爸妈妈一起说一说。通过长期的目标训练，孩子们就能取得快速进步。

（二）游戏化教学激发儿童语言思维

游戏化教学能够激发孩子的语言思维能力。游戏活动通常有一定的游戏规则，并且每个孩子都会参与其中，然后进行逻辑思维的训练。例如，故事接龙是一个锻炼小朋友想象力、逻辑思考和表达力的一个游戏，玩法有两种，一种是毫无限定随意想象的故事，另一种是限定条件临场发挥的故事，在家庭里面都可以试试，三个人就可以玩。毫无限定的故事，最好由教师发起一个有想象空间、带有引导性的开头，将故事发生的时间、地点和人物设定好，当然也可以留一些主线由孩子发挥，引导孩子挖掘故事中好玩的情节、有趣的结局、有意义的思考等，让孩子去想象和表达。我们还可以给孩子提供一些学习过的词汇卡片，让孩子利用这些卡片中的内容提示进行语言构思，编出一个个有趣的小故事。由于是接龙游戏，孩子可以和教师一起完成，每个孩子在故事接龙时教师选定不一样的词汇，每个孩子都要根据上一个小朋友的描述进行构思和叙述。这种游戏是培养孩子逻辑思维能力的有效方式之一，同时教师还可以将这种游戏活动向家长宣传，让孩子和家长在家中也能体验这样的游戏过程。

（三）利用绘本培养儿童语言组织能力

绘本是每个孩子儿童时期都需要学习的重要内容，也是孩子学会进行语言积累的过程。因此我们要充分利用绘本培养孩子的语言组织能力。例如，在学习《春雨的色彩》绘本阅读时，教师一边给孩子描述，一边让孩子根据绘本中的内容进行思考。在讲解过程中要及时和孩子进行互动，例如，教师可以先提问："春雨是什么颜色？"幼儿作出了以下多种回答，"春雨是黑色的、绿色的、红色的、粉色的、黄色的、白色的、无色的、透明的、海蓝色、紫色、淡白色"等。接着教师说："小朋友你们说谁说得对？"这时候因为很多小朋友的想法不同，所以在这个阶段会进行小小的激烈讨论，这时候教师不要制止，且通过争论后，让小朋友自己举手发言并说一说为什么，还可以点评一下哪个小朋友的说法不正确及说明原因，然后教师再提供正确的结论："春雨是无色的。因为春雨落到水里就没色；落在衣服上颜色也不变；落在任何物体上，物体的颜色都不变。"通过运用"评论法"进行提问，使儿童的分析能力、理解能力、明辨是非的能力得以发展和提高，进而提高教学效率。在利用绘本阅读时，我们一方面带着孩子阅读，另一方面可以让孩子主动阅读，例如，"通过绘本上的图画内容你会发现什么？把你自己看到的和想到的与教师同学分享一下吧"，这是引导孩子主动思考和组织语言的过程，能够有效地提高儿童学习积极性和阅读积极性。绘本阅读不仅可以在幼儿园进行，在家中同样也是适用的。我们还可以给孩子布置一个小小的任务，让孩子将当天学习的小故事带回家中和爸爸妈妈一起分享，这样孩子们又有了一次表达的机会，同时孩子对故事的情节和教师讲述过程运用的语言描述印象会更加深刻，也能促进小朋友的高效学习。

（四）创设情境教学培养儿童表达能力

儿童口语表达应该与生活有着最密切的联系，因此在教学活动中，我们可以通过创设情境等方式引导儿童进行表达。例如，我们可以给孩子播放一些与生活场景相关的视频，让孩子根据自己看到的内容说一说自己发现了什么。还可以给孩子提供一些生活场景的图片，让孩子根据图片内容进行语言训练。同时教师要充分利用好儿童一日活动的场景培养孩子的表达能力，例如在餐前洗手环节，我们可以让孩子们说一说洗手的主要步骤有哪些。还可以说一说自己在家庭生活中，周末和爸爸妈妈在一起的时间中，大家都在做什么，因为这些内容和孩子们的生活关联密切，所以孩子们更愿意进行思考和表达。例如有些小朋友说："在周末的时间我和爸爸妈妈会一起做家务。"虽然是非常简短的一句话，但是孩子表达得却非常清楚，这时候我们需要给孩子一定的语言奖励，激励孩子大胆发言。

六、儿童语言教学活动实施

在儿童的语言教育中,可以实施的活动有很多,以下主要介绍两种,分别是绘本剧表演活动和听说游戏。

(一)绘本剧表演活动

绘本剧表演活动是以绘本为剧本,以舞台剧为表现形式。在合理选择绘本、引导儿童开展舞台剧的情况下,绘本剧表演中的语言交流活动是极为丰富的。借助绘本剧表演,教师能够对儿童发起语言习惯、语言技能、语言规则等方面的指导教学。通过绘本剧表演,教师能够为儿童讲解语言知识,促进儿童语言能力的发展。

绘本的不同细节体现着其特有的意义和趣味性,好的绘本作品具有丰富的艺术效果、独特的艺术品位。绘本把人类世界中的物象通过富有生趣的艺术形象呈现出来,从而更加符合充满天真、生趣的儿童世界。让儿童能够通过绘本尽情地感知世界,并有效提高幼儿的审美能力,使儿童能够印象深刻地感受绘本故事,达到学习的效果。

儿童阶段,为了让孩子对语言有更加充分的理解,有效利用绘本尤为关键。词汇是进行语言表达的根本保障,绘本把图画与文字有效结合,能够更加充分地将此方面体现。绘本绘画的特点,使儿童能够通过视觉更加充分地感受语言,不管是多次阅读,还是生活中的语言表达,都能够在很大程度上提高儿童的语言表达能力,在小事中将语言的作用更大程度地体现出来,让儿童的语言水平循序渐进地得到提高。

在选择绘本剧时,教师可以制订互动方案,并在绘本剧表演过程中与儿童积极互动,通过语言互动促进儿童开口表达,锻炼儿童的语言技能。教师可以选择故事性较强、角色较为丰富的绘本编排绘本剧,为儿童提供可应用的学习材料,创造学习语言知识的机会。教师要激发儿童的互动兴趣，让儿童参与语言交际活动，提高儿童的语言能力。在互动的过程中，教师要求儿童结合绘本中的相关角色和对白了解故事情节，然后模仿、表演绘本故事。

例如，在教学绘本故事《小红帽》时，该故事情节丰富，儿童可以扮演故事中的角色，并通过教师设计的对话来进行互动。在绘本剧表演过程中，教师引导儿童尝试表达教师设计的对白。在绘本故事当中，对白可以激发儿童的学习兴趣，推动故事情节发展。教师可以为儿童提供小红帽、大灰狼等角色形象，以"尝试描绘角色特征"的方式与儿童进行互动交流。借由观察活动，鼓励儿童运用语言进行表达。这一环节的语言教育中，教师激发了儿童的绘本剧表演欲望，促进了儿童表达。在随后的教学中，教师可以逐步加深教学深度，完成语言教育任务。

与此同时，在儿童应用语言的过程中，教师对儿童的语言表达技巧进行指导，从而有针对性地优化语言教育模式。在绘本剧表演中开展语言教育，教师可以借助绘本剧中的对白开展语言教育活动，帮助儿童根据绘本故事开展交流互动。教师可以引导儿童在阅读绘本的同时，结合角色形象描述相关情节，并进行道具准备活动。教师还可以尝试通过语言表达与实践训练来培养儿童的语言技能，促使儿童产生开口交流的欲望。

例如，在教学绘本故事《三只小猪》时，教师可以将绘本剧表演分为"剧本编辑""绘本剧设计"两个环节。第一，编辑绘本剧。教师与儿童进行如下互动：如果要将《三只小猪》编排成绘本剧，应该如何设计？结合绘本当中的对白、故事情节引导儿童开展互动，对绘本中的故事情节、关键对白进行整理，引导儿童编辑绘本剧。第二，开展绘本剧设计活动，与儿童进行积极交流。儿童分别扮演大灰狼、小猪等角色，利用道具进行绘本剧表演。在互动的同时，教师引导儿童描述三只小猪遇见大灰狼时所处的不同环境，通过角色扮演活动，展现大灰狼袭击三只小猪时的细节，展现绘本故事内容。在编辑绘本剧的过程中，教师引导儿童尝试利用积木等材料"还原"绘本故事中的情境，编辑"微型绘本剧"，描绘不同场景下的不同情节。利用绘本剧表演开展语言教育活动，有关教学工作可以在儿童掌握了绘本的基本故事情节之后开展，帮助儿童重新设计对白，通过绘本剧表演与对白的相互对比，加深儿童对于绘本故事的记忆。

此外，对于不同年龄段的儿童，也需要选择不同的绘本故事，对儿童理解语言有更好的促进。低龄儿童可以有节奏地念绘本中的词汇，如《小火苗，噗噗噗》《小泥巴，咕咚咕咚》这类多使用拟声词和拟态词的绘本，能让儿童对语言产生兴趣。教师在开展语言教学时，为儿童营造优质的语言交流平台，使儿童在学习语言的过程中更加热爱语言交流，进而培养儿童的交际能力。中大班甚至到小学低年级儿童可以通过改变绘本中的对白或者故事情节，不断营造可以提高语言能力的环境。

例如，绘本《小熊满满一家》，教师在语言教学过程中可以鼓励儿童对此绘本故事的情节进行改编，并且让儿童参与教学剧的表演，设计"母亲节快乐"的教学场景，其中"熊妈妈"由教师来扮演，"小熊满满"则由儿童扮演。"熊妈妈"正坐在家中的沙发上，此时"小熊满满"将贺卡双手送给"熊妈妈"，对她说："妈妈，我为您绘制了一张贺卡，因为今天是母亲节，祝妈妈母亲节快乐。""熊妈妈"将贺卡打开，看到了满满的图画和文字，她开心地抱住小熊满满说："谢谢你，我的好孩子。"通过此种方式开展语言交流学习，不但可以更好地提高儿童语言交流及表达能力，又能够让儿童受到良好的德育教育，教会儿童尊敬师长、孝敬父母，促进儿童优秀品质的形成。

儿童语言教育不能只从语言的交流入手，也要重视对儿童礼貌意识的培养。教师要结合日常文明用语规范培养儿童文明用语，规范用语的意识。在借助绘本剧表演开展语言教育工作的过程中，教师要不断尝试完善教学体系，将德育元素引入绘本剧表演，让儿童学习礼貌、文明相关的知识，在绘本剧表演中主动理解语言教育的真正含义，从而提高教学活动的育人质量。

例如，绘本故事《会说话的手》向儿童展示了用手与人沟通、表达需求的基本技巧。教师可以帮助儿童结合绘本素材编排绘本剧,先引导儿童阅读《会说话的手》,为儿童讲解绘本故事的基本内容,再引导儿童尝试记忆语言知识。教师以创设情境的方式为儿童导入绘本剧,如对于儿童年龄的询问。教师和儿童分别扮演家长、儿童两个角色。当教师针对儿童的年龄进行提问时,引导儿童利用手部的动作来表示年龄,掌握利用手来辅助语言表达的方法。随后,将生活中与手部动作有关的语言活动整合为一体,如"拉钩不骗人""大家一起来击掌"等。结合绘本素材为儿童设计绘本剧,让儿童在表演绘本剧的过程中记忆语言的应用方法,尝试借由手部动作帮助儿童进行表达。语言教育不能局限于"说话"这一基本目标,更要注重培养儿童的语言技能,让儿童从德育的角度感受语言的真正魅力。

教师可以借助绘本剧开展层次化的儿童语言教育,在帮助儿童掌握基本的语言表达技巧的基础上,设计系统化的语言能力教育方案,从语言积累入手,引导儿童掌握语言知识;带动儿童开口表达,形成语言表达热情;基于语言应用的多元化原则,加深儿童对语言知识的理解;解读语言的价值,让语言教育发挥出应有的作用。

(二)听说游戏

听说游戏是一种较为特殊的语言教育方式,其教育目的主要就是培养儿童的语言倾听、识别和表达能力,其内容主要着重于对听和说的综合利用。听说游戏能够很好地激起儿童认知和学习语言的兴趣,同时还能给儿童构建出一个相对轻松和自由的语言环境,从而大大提升儿童语言教学的实效性。听说游戏不同于其他语言教育方式,其具有较为鲜明的特点,就是有针对性地培养儿童具有灵活使用语言的能力。此外,听说游戏实质上还是以游戏的方式进行教学工作,因此整个教学过程将会在一种较为轻松和自由的环境中进行,这也使此种教学方式能够很好地与儿童进行互动,让儿童全身心地参与其中,从而培养儿童的语言素质和语言能力。

在小班的时候，可以进行"送南瓜"听说游戏，从而辅助语言教学工作的进行。首先，游戏的目标主要分为三个方面：（1）在复习儿歌的同时，也让儿童增强对于"奶奶、南瓜和篮子"这些含有 n 和 l 词语区别的认识；（2）让儿童了解并能够有意识地使用一些礼貌用词，比如"你好"等；（3）让儿童初步明白游戏的规则，并体会到游戏的真正乐趣。其次，游戏的内容主要由四个部分组成：（1）由一个游戏场景来综合体现，即在老奶奶的南瓜熟了以后，儿童去帮奶奶摘南瓜，其中主要就是儿童与奶奶的礼貌性交谈；（2）教师来讲述整个游戏的规则与注意事项；（3）教师以参与者的身份引导儿童进行听说游戏；（4）教师在儿童独立进行游戏的时候适当地进行一些启发性动作和教育引导。最后，在"送南瓜"听说游戏结束以后，根据游戏进行的实际情况，对本次活动进行总结，主要有四个方面：（1）本次听说游戏很好地调动了儿童的积极性和主观能动性。由于本次游戏在一开始的时候就创建了游戏场景，老奶奶生动感人的形象大大激发了儿童的兴趣，从而让儿童融入场景中，随着游戏的进行而转变思路，最终在良好的互动中结束了整个游戏，取得较为显著的语言教学效果。（2）本次听说游戏很好地完成了最初的教学目标。由于游戏中对于"奶奶、南瓜、篮子"这三个词汇的使用程度较为频繁，因此儿童在参与游戏的时候不断地练习这三个词，从而很好地将"n、l"区分开来。（3）本次游戏结束以后，儿童已经初步学会如何使用礼貌用语。（4）儿童已经能够初步地理解一些较为简单的游戏规则，并从整个游戏过程中获取游戏的乐趣。

在听说游戏中对于儿童兴趣的培养是非常重要的，其甚至决定了整个游戏能不能成功。在实际游戏过程中，教师只要做好两个方面的工作，那么基本上就能够调动出儿童参与游戏的积极性，从而激发儿童对于听说游戏的兴趣。（1）游戏场景的构建。在场景构建中，教师应注意时刻保证场景的趣味性，从而在吸引儿童注意力的同时，让儿童感受到听说游戏的魅力。此外，教师应选择与儿童生活较为贴近的场景，这样能够让儿童快速地融入游戏场景。(2)合理利用多媒体媒介作用。教师可考虑通过网络或其他手段收集一些符合儿童身心特点的听说游戏节目，在固定的时间内让儿童集中观看，引导他们进行观察、模仿，从而在提高儿童对听说游戏兴趣的同时，也提升儿童的语言表达能力。

  儿童虽然对语言较为敏感，但他们的成长还处于人生的初级阶段，因此在语言表达上应着重注意他们的实际发展水平。教师在听说游戏表达的时候，应结合所教儿童的接受能力，尽可能地保证自身的语言具有慢和准的特性，这样才能让儿童更好地投入听说游戏中。一般来说，7岁以下的儿童对于语言声音的识别能力与成人有非常明显的差异，并且每个岁数的相互差别也很大，所以教师一定要注意此方面的内容，可适当地采用图画等可行的方式来弥补；此外，听说游戏题材的选择要符合儿童的发展水平，并且其教学内容和目标不能和儿童的现有水平有较大跨度，同时还要根据儿童的实际接受能力控制游戏的进度。在听说游戏进行中，教师要用一种相对简洁的语言向儿童讲述游戏的规则。首先，要讲清楚整个游戏的规则重点，即不能违反的内容；其次，给儿童讲述整个游戏各个环节的顺序，即先进行什么再进行什么。最后，如果儿童自身认知和理解能力不够，或是儿童不能完全理解规则，那么教师就应考虑以一种较慢的语速来讲解游戏规则，并在讲解过程中配合各种动作进行分解讲解，必要时亲身示范整个游戏过程，从而提高儿童对游戏规则的认识。

  将儿童作为游戏活动主体，是当前新课改背景下我国基础教育的核心目标。游戏化教学在儿童语言教学中的应用目的就在于借助游戏的优势促进儿童学习，提高儿童语言学习能力，推动儿童的长久发展。也就是说，游戏化教学的目的在于服务儿童。在过去的学校教学中，存在的主要问题就在于儿童的学习过于被动，他们很难正确地认识到自身作为学习主体的身份，因此在学习的过程中不会主动思考，而是呈现被动学习的状态。同时，游戏作为一项以儿童为主体的游戏活动，本身对儿童的智力开发以及综合协调能力都有极大的培养作用。在做游戏的过程中，一些儿童对游戏规则不甚了解，往往随意地进行游戏。但是家长和教师都会在一定程度上对儿童的自发游戏行为加以阻挠，引导儿童按照"正确"的方法进行游戏，导致儿童的探索兴趣不断被消磨。针对这一问题，在儿童语言应用游戏化教学的过程中，教师要将儿童作为游戏活动主体，尊重儿童的自发游戏行为，鼓励儿童在游戏中畅所欲言，使之充分感受游戏的趣味和语言的魅力，从而实现主动学习。

游戏化教学的重点就在于"游戏"二字，爱玩好动是儿童的天性，更是儿童探索世界、探索未知的重要学习表现，通过在儿童语言教学中积极开展多样化的游戏教学活动，实现游戏化教学的有效应用，可以充分发挥游戏的教育价值，促进儿童语言学习能力的综合提升。

培养儿童的倾听习惯是提高儿童语言能力的重要前提，同时也是现阶段儿童语言教学中的重要教学目标。利用趣味语言让儿童通过多种形式养成良好的倾听习惯，以此达到游戏化教学在儿童语言教学中的应用目的。例如，在语言教学展开的过程中，教师可以通过利用多媒体教学设备播放动画，一方面，由于动画本身就具备较高的趣味性以及游戏性，能够很好地吸引儿童主动观看，而且有益的动画内容对他们的学习成长也有一定帮助；另一方面，儿童的学习积极性得到提升，就会更加认真且耐心地倾听故事中的内容，并学习其中的语言表达方式。此外，教师可以利用音乐、童话故事等多种方式展开教学。具体而言，教师可以选择趣味性较强且适合儿童当前阶段学习和观看的动画影片，以此充分发挥游戏化教学的价值。在教学开展的过程中，教师还可以运用有效的激励策略展开游戏，对耐心倾听他人发言的儿童加以鼓励，以积分的方式让儿童兑换游戏奖励，以此增加游戏的趣味性。

语言教学作为现阶段儿童的主要教学内容，对儿童长久的学习以及发展都有极为重要的作用，而且儿童教育阶段作为培养儿童倾听习惯以及语言能力的黄金时期，在这一阶段开展语言教学的效果更佳，因此，学校语言教学教师在当下更应该深刻地认识到听说游戏对其工作的重要作用和价值，适当地结合生活实际来构建语言学习环境，在保证自己教学过程时刻充满乐趣的同时，也增强自身教学的内容和内涵，从根本上激发儿童学习语言的兴趣和动力，进一步提升儿童对语言的掌握和运用。

第六章　课堂教学案例实操

一、语言能力训练案例

（一）课前热身互动

老师：请每个同学按照次序跟班上每位同学拍手打招呼，面对面地正视对方的眼睛并保持微笑。

同学 A 对同学 B、C、D 等：你好（拍手、微笑）。

（同学们都很开心，课堂气氛很欢乐）

设计目的：设计这个环节，一是为了热场，让小朋友们熟悉周围环境，快速进入课堂状态，让同学们彼此熟悉，二是让同学们熟悉如何和别人打招呼的模式，微笑，正视对方眼睛，善意地打招呼，这也是情商训练的一部分，如何与人交际。

（二）彩虹发音

进入气息训练，老师发声，学生模仿，老师会讲明发声需要用到身体的哪一部分，让学生自己感受。

老师：Si，嗓子放松用丹田，啊——用气息，丹田鼓起来。

学生：Si（模仿）。

老师：不是用嗓子，嗓子发的是实声，什么是实声啊？我们正常和别人说话就是实声,虚声是什么?是用气息说话,用丹田,"嘿、嘿",用力的地方在丹田,摸肚子,声音往头腔上走,来大家再试一次。(一对一指导)

设计目的:从第一节课刚开始就教,让他们感受发声时丹田的位置,形容那种感觉,他们找到之后就知道了,很多专业词汇都是这么教的,但是为了让他们养成发声习惯,还需要反复练习,不仅每次上课都有发声练习,课后还有自主练习内容,都是为了让他们把底子打好。

(三) 游戏:虚声传话

老师:刚刚我们学了怎么用虚声发声,我们现在玩一个游戏:虚声传话。我用虚声讲四个字给我右手边的同学,同学们用虚声一个个传给下一个同学,然后最后一个同学大声地讲出来传的是什么。

同学们传了一轮,最后的结果和最初老师说的不一样,老师从最后一个同学开始一个个问大家听到的是什么,看看错在哪里。(同学们情绪很高,气氛很活跃)

设计目的:这个环节将我们刚刚学到的"虚声"实践练习,用游戏的形式,让大家更喜欢参与练习,也避免了孩子们之前很长的发音练习后注意力分散,还增加了同学之间的互动内容,又是情商的提高。

(四) 字词发音

老师:粗细,出租车。

(同学们模仿)

老师:ji qi xi 嘴角稍微用力。

(同学们模仿)

老师:zhi chi shi ri

(同学们模仿)

老师:z c s 平舌——用力点在舌尖。

（同学们模仿）

老师：翘舌——用力点在舌面。

（同学们模仿）

（读得好的同学会被奖励星星章）

设计目的：正确的字词发音是基础，会用正确的方式读出字词才能说对话语，所以这部分训练是必不可少的（星星章是我们用在整个课堂中的，无论哪个环节，读得好、表现好、纪律好的同学就会得到星星章，积攒这个章到一定数量可以兑换学校的礼品）。这种奖励机制一方面让同学们更加主动参与课堂学习，更有动力，同时也维护了课堂纪律，而最终通过自己课堂表现获得星星兑换礼物的同学也觉得自己有一种成就感，这也会让他/她更喜欢学习。

学生们的教材中有集星星章的一页，他们通过课堂表现或者课后作业所获得的星星章到达一定的数量（68枚、88枚、128枚等），可以兑换相应的礼品。这是老师用来激励学生们的口才学习积极性的主要方式。学生们在口才上的进步，这种看不见的文化资本转换为一种客观存在的"客体性文化资本"[1]，当学生持有这种物质奖励时，也同时意味着他们相比之前获得了更多的"口才能力"这种"具身性文化资本"[2]。

（五）表情与肢体动作

老师让大家一起练习上节课留的表演作业《小云朵》，用声音配合表情、肢体动作表演出文中的内容。老师和同学们一起做，同学们一边看着老师的示范，一边自己模仿，几遍跟下来就可以自己独立做动作了。师生之间通过一种半圆式的空间布局让学生们能更清晰地看到老师做的示范，老师也能看清每位学生的表现，有针对性地辅导。

设计目的：我们说话的时候，表情和肢体也是语言表达的内容之一，

---

[1] 客体性文化资本，指存在于具体物件中的文化、知识，如书、唱片、画等。
[2] 具身性文化资本，指存在于人头脑中的文化知识等。

自然的、漂亮的表情和肢体语言会给人印象加分，因此，我们希望让学生们学会用自己的身体来表达信息，而且这种方式也会增强课堂的互动性、体验性、趣味性。

（六）综合运用

老师：请问大家朗诵《彩色中国》，我们需要掌握哪些技巧？

学生：情感和停顿。

老师：对，我们应该用什么样的感情呢？

学生：感情（开心、骄傲、情绪高）。

老师：非常好，我们带着这个情绪去读。我们在读的时候需要有轻有重，有停顿。重音、停顿的部分要加重语气，"轻轻地打开地图画册"，这里是一级停顿，只停不换气。来，大家跟我一起拿笔把这部分的停顿画一下，然后回家自己练习。

设计目的：这是我们前面所有训练过的基础内容的综合运用，学生们不仅能够真正地将前面的训练效果呈现出来，也能够提升他们整体运用语言能力的水平。我们每节课都会留这部分作业让学生反复练习，语言就是需要反复练习的，课堂上时间有限，我们只能教会方式方法，孩子真正掌握则需要靠自己后期的反复练习。

二、情商表演课案例

老师先带着大家复习几遍情商课《不做气包子》（情绪和表情、肢体表现——生气跺脚手背掐腰，场景模仿——伸懒腰）。然后，让学生们两人一组上台表演，一人一段，但很多同学因为课后没有复习所以在台上表演不流畅、不自然。老师批评了这些记不住词的同学，嘱咐大家课后一定要复习。

表演结束后，老师带着大家把这课的重音画出来，然后留了作业。

(回家练习、下节课展示纠正)。

设计目的：这部分是正式的情商教学内容，让学生们把情商主题的小故事用自己的方式表演出来，他们在初期需要教师去教语气、动作、情绪、表情，但这是一个从模仿学习到自己理解输出的过程，学生们最后的呈现是经过自己内化的内容，当然这部分也是需要反复练习的，但是很多同学课下没有复习，所以很难真正地掌握在课堂上学到的东西，情商表演每个主题是2个月的学习时间，学习完会有一个向家长的汇报演出。

老师拥有的"口才"这一具身性文化资本和学校的"教材"这一客体性文化资本，如何通过课堂教学呈现给学生，让他们练习？在课堂上，学校与老师通过文化资本的几种不同形式的转换，让学生练习口才。首先是老师对教材的理解与输出，老师通过自身对教材的理解和本身拥有的具身性文化资本的结合，在课堂中心以不同的教学环节输出，让学生模仿练习来获得文化资本。其次是学生自我对教材的理解与输出（客体性向具体性转换），他们用自己的方式表达出教材内容，得到老师的评价与意见后再继续修改自己的表达。再次是同辈之间的影响，学生们在课堂上的特定具身性文化资本的展示，让他们不仅是一个表演者，也是一个观察者，观察同辈的具身性文化资本并与其自身作比较，再修正自我的文化资本传递形式。最后是具身性文化资本向客体性文化资本的转换，学校利用"星星章""奖品""彩虹日记"这些实物让学生们对自己获得的学习效果可见，让实物奖励鼓励学生继续去"习"口才。总之，无论是何种文化资本的转换形式，学生的具身性文化资本始终参与其中，学生一直以自我输出的方式来练习口才，反复多次地练习表达。现有研究中，有外国学者对我国的成人口才班进行调查，也有外国学者对他们本国的这种语言训练营的考察，如以色列、日本、美国等，这些培训班的训练活动形式趋同，一般以工作坊、沙龙、俱乐部的形式展开，均为小班教学。课堂中都会有一个独立的、自我展示空间，学生们都被要求在模仿练习后，要有上台向其他人自我呈现的过程。总之，课堂教学模式是一种互动式的模仿练习，这种模式和本书所研究的口才学校的模式基本一致。学生们被要求以一种主动输出的形式来进一步练习、实践，学生们"会说话"的技能在一次次的实践中得到重构。

三、课后练习

在课堂上，老师教学生们语言表达的方法和技巧，学生们进行模仿，老师指导、纠正。学生们能否真正学会这种方法和技巧，能否将这种语言能力内化，则取决于课后自我练习。

口才培训班级都有自己的微信群，这个群的作用很多，主要的作用是发布日常的口才课程作业和各种口才班的通知。每节课下课后，语言能力训练老师和情商表演课的老师把课后作业发到群里，让家长和学生都看到这周需要做哪些课后发声练习。老师在发作业的同时，也会把这段作业的音频模板发上来，让同学们先听音频然后自己练习。自己练习好了之后，也录成音频的形式发到群里，老师再给予指导。老师以留作业的形式，将自我的具身性文化资本（语言表达）转换为客体性文化资本（音频），供同学们学习模仿。同学们通过回忆课堂内容和音频的模仿，自己进行练习、训练。此外，学生们必须要将练习的结果客体化，一一录成音频，再发到群里。此时，他们的文化资本将得到老师的评价和修正，老师会提出改进意见，指导他们如何修改自己的声音，变得更"会说话"。学生在经历了一周的反复练习后，进入课堂与老师再一同复习，并在学校的小舞台上展示自我。老师们认为，学生们"会说话"的文化资本就在这种"练习—修正—展示—修正"的不断"具身化—客体化"的循环过程中获得。学生们根据文本内容和音频内容自我练习，再以语音的形式发到群里，老师们再去纠正学生们的语言表达方式，如此反复。

虽然，老师们一再强调课后练习的重要性，但这只是老师们期待的理想学习状态。大多数老师表示，很多学生是做不到课下反复练习的，这一定会影响他们的学习效果,也会达不到家长和学生们期望的状态。他们认为原因之一在于很多学生家长并不重视口才教育,他们不把口才学习看作像其他课外补习一样需要"下功夫"的功课;原因之二在于学生课外生活被补习、作业所填满,能留给口才练习的时间非常少。

老师们认为,学生自身能否自觉练习的重要影响因素之一就是家庭教育环境,也就是父母是否重视子女的口才教育,能否督促孩子们去练习。一旦孩子在家长的督促下能够每天练习,当看到自己一次说得比一次更好了,他们就会获得成就感,并自己主动练习。在家长的带动下,孩子会养成自觉的习惯,自己督促自己,口才学习就会变得越来越好。

四、家长参与

学校作为口才教育的供给方,必须让家长们看到学习效果,这样口才教育市场的供需关系才能平衡,家长才会继续选择购买教育。因此,学校采取一系列方式让家长参与孩子的口才教育培训,让家长们见证并参与孩子的口才教育获得。学校让家长参与的方式主要有:课堂观察、课后参与(彩虹家长课堂、微信群互动)、观看并参与学校组织的教育仪式活动(舞台表演与社会实践)。

学校每节课都会邀请两名学生家长来参与课堂观察,一方面,为了让家长更直观地参与自己孩子的口才教育中来,让家长了解学生究竟通过何种训练形式获得口才,从家长的角度对课堂教学改进提出建议。另一方面,希望家长能更了解自己的孩子的课堂表现,知晓如何改进才能变得更好。家长笔记包括三方面主要内容:课堂要点、对课堂的点评和感悟、对孩子的寄语。

家长笔记如下:

1. 课堂要点

(1)老师引导介绍新同学,非常好,孩子正好有机会展示一下自己,认识一下自己。

(2) 口舌操的练习、做好基本功。

(3) 国旗下方讲话，口才训练，声情并茂，发音表情要求规范。

(4) 表演课很好地规范了孩子，孩子的行为举止比较正规。

(5) 老师讲解情绪表演，非常生动地引导了孩子的积极展示。

(6) 提高情商很重要，老师讲解非常到位。

2. 对课堂的点评和感悟

老师讲课非常生动灵活，针对每一位同学的实际情况一一讲解，希望孩子在这个平台更好地学习，更好地管理自己，不负家长和老师期望。

3. 对孩子的寄语

希望孩子上课认真听课，遵守纪律，配合老师学习新内容。

家长将自己观察到的课堂、老师、学生的状态以一种客体性文化资本——课堂笔记的形式呈现出来。从笔记上看，家长的关注点在于"老师采用了何种方式让学生锻炼了哪些语言表达技巧，包括表情、动作、声音"；"学生对课堂的参与与配合"，"学校提供给学生一个展示、修正自我的平台"。家长笔记中表达的是对学校的信任感，他们希望孩子是"听话的""配合老师的""不辜负家长期望的"。他们相信只要孩子听从学校的安排，就会得到"会说话"的能力。另外，学校通过朋友圈将家长笔记推送出来，让其他家长看到家长眼中的课堂是什么状态的。通过家长笔记这一客体性文化资本再次证明了学校自身文化资本的合法性，取得家长的信任，让他们相信学生来这里学口才是能够满足他们对"会说话"孩子的期待的。

除每节课会有两名家长旁听，下课后所有来接家长的孩子会参与彩虹家长课堂。一般彩虹课堂有两种形式，一是比较简短的，口语化、即兴化的形式。由两名老师分别总结一下孩子今天学了什么、表现如何、今天留的作业（家长需要督促学生练习），还会针对今天所学的内容让学生和家长进行互动。例如，今天学生们的情商表演课学习"如何向父母表达自己的爱"。彩虹家长课堂中，老师让学生们实操，向家长们表达自己的爱，练习跟父母沟通。这种互动方式不仅让学生们锻炼语言表达的实际运用，而且让家长看到一个不一样的孩子，让他们相信口才教育是能给孩子带来变化的。二是时间比较长的、正式的家长会。学校的家长会有两个目的，一是向家长们汇报现今学生的口才教育的内容以及未来的教研方向，二是向家长们普及家庭教育、情商语言的知识。家长通过家长会更了解如何教育孩子更合理，反思自己的不足，如何教育出一个"高情商、会说话"的孩子。

  学校通过这种常规的课程活动让家长参与孩子的口才教育，家长在其中既看到了孩子口才教育获得，又重新教育了自己"如何做合格的父母、对孩子发展有帮助的家长"。可以说，学校在让家长参与的过程中重塑了家长的教育观，他们期待获得一个"会说话"的孩子，但是这需要学生、学校、家长三方的共同努力，也许家长的行为和言语对孩子造成的影响让他们无法满足自己得到一个"期待的孩子"。用一种隐喻来说，学校在调整家长心中期待的天平，一面是孩子实际获得的口才教育，另一面是他们期望孩子达到的状态，家长在见证孩子成长和反思自我中不断地调整两边的比重，最终会达到一个不稳定的平衡状态。同时，学校的老师和校长也经常会在群里发一些教育类、情商口才类的科普微文，加强对家长的教育。学校从线上到线下，不断调整家长心中对孩子的期待值。

  上一章提到过学校除了每两个月有一场孩子阶段性的汇报演出，还有节庆表演与社会实践活动，家长也被邀请和孩子一同参与活动。家长在参与活动时最主要的行为就是"观察孩子"，而且对这种观察采取一系列行为来记录，主要的形式有：照片、视频记录活动流程、以朋友圈或微信群互动的形式的活动感悟（文字）。家长通过这种将孩子具身性文化资本不断转换成客体性文化资本的形式（记录的照片、视频、文字）来建立一种"孩子确实变化了，获得口才教育了"的认知。当家长们看到自己的期待得到满足时，他们对待学校的态度转变为"感激""更加积极参与"，而对孩子则是"更加欣赏""信任""鼓励"。学校通过让家长参与正式的大型活动，让家长看到孩子的变化，让他们相信口才教育的获得，更加相信孩子，更加信任学校。除了家长本身的变化，家长这种参与对孩子的教育获得有很大的帮助。

五、舞台呈现

（一）通过舞台丰富孩子的表演经验

在口才学校通过课堂教学、课后练习、家长参与等形式训练学生的口才，通过学生具身性文化资本与客体性文化资本的循环转换，让学生和家长认为他们获得了"会说话"这一具身性文化资本。除了口才课程，阶段性的口才成果展示、言语实践等教育活动是口才学校的特色之一。常规的活动是每个口才班每两个月的主题汇报演出，如7月1—3年级的班级学习情商课的主题是"同理心"，那么这个月所有的课程教学就围绕着"同理心"进行语言训练，最终面向全体家长来汇报演出。学校不仅每个月会有小型汇报演出，每年还会举行一场全校性的大规模年会表演，以班级为单位进行口才节目的展示。所有的学生都是演员，全校家长都是观众。此外，学校还会给学员们提供上更大舞台表演的机会，如地方台和省台的少儿春晚。在这些活动中，学生们将在口才班所习得的具身性的文化资本，如学生对自我声音、肢体和语言的控制，在"舞台"上进行可视化、公开化的呈现。

"舞台"可以被视为一种特殊的文化资本呈现场域。在这种场域中，孩子是在一个规范化的、有表演供给配置的空间进行呈现，而且呈现的过程中有观看者，这包括特定的观众群和现场对孩子的表演过程进行记录的电子设备。这些都将放大舞台在孩子心中的位置，对舞台表演的重视，让他们意识到此刻自己的表演是被其他人观看着的，并有可能进行二次、多次的观看。这就产生了"舞台"这个场域的特殊效果，孩子在这个空间感受到强烈的被关注感，他们意识到此时的呈现是被记录着的。

学生需要走上"舞台"这种正规的场合去展示自我，他们需要输出自己所学到的东西，进而获得成功的经验，建立信心，家长需要"舞台"这种规范化的平台去看到孩子的成长与变化，否则，家长无法真切直观地体会到学习口才的效果，因为语言这种在生活中天天使用的东西，是潜移默化的，必须有一个具备视觉冲击力的平台来展现孩子们的状态，才能让学生和家长都相信学生的口才能力获得了提升。

舞台这个平台给学生和家长提供一个新的视角去审视学生们话语实践能力这一具身性文化资本，这种难以察觉到的提升借由舞台变得可以被"看见"，他们开始相信孩子的语言能力确实得到了提升。笔者访谈了几名口才学校的学生后，发现他们对舞台的态度都经历了一种由害怕到喜欢的转变。

家长作为"舞台表演"中的重要成员，以协助者和观众的身份始终参与其中。他们认为"舞台"是一种他们无法提供的特殊情境，这与孩子在课堂上或家里练习的感受是完全不同的。在课堂或家里，孩子更多的是将在口才学校所学的才艺呈现给熟人；在舞台上，孩子则要向未知的观众群展现他们自己。两种呈现的不同在于，前者是为了文化资本的习得，呈现是附属品，呈现者（孩子）将关注重点放在自己"如何习得文化资本"。后者是为了文化资本的呈现，呈现者将关注的重点放在"如何呈现文化资本"，也就是当呈现者意识到自己有观众，他们的关注点变为"别人如何看我的表现"。孩子此时不仅要呈现自身文化资本，还要调整自己，对舞台这一陌生场域和台下观众群尽快适应，这两者都会影响孩子表演中文化资本的呈现状态。换言之，孩子拥有的具身性文化资本不一定能够完全转化为他者可见的客体化形式。口才才艺的呈现通过"舞台"这一场域的转换，影响呈现者的心理活动，进而影响其呈现行为，孩子在课堂和舞台上可能有两种截然不同的状态。

孩子在舞台上将平时习得的具身性文化资本面向特定观众实践，这个过程需要孩子不仅能够呈现"口才表演"这一文化资本，而且需要孩子调整自己面对观众时的心理状态，进而控制自己的身体，实现文化资本的顺利实践。家长将孩子在演出中进行的文化资本实践称为对孩子的"锻炼"。他们认为孩子在这个仪式的过程中需要调整自己的心理和行为，顺利完成表演，这对他们来说是一种"自我挑战"。

很多家长认为，孩子通过在舞台上的历练获得"锻炼"。"锻炼"是孩子们的文化资本的实践性体验，也就是孩子在呈现过程中所经历的一系列自我调控，其产生的时间区间从表演的开始到结束。当表演结束后，这种"锻炼"的体验将变为孩子另一种文化资本——舞台经验，即孩子对舞台和观众产生了适应性体验，他们知道在舞台上面对观众时应该如何调整自己的身体来呈现文化资本。舞台经验在孩子仪式表演结束后获得，而孩子下次表演时再次得到使用。家长认为，孩子参加仪式活动的次数越多，获得的锻炼就越多，经验就越丰富。

（二）通过舞台培养孩子的见识与自信

舞台经验的积累变成家长口中的另一个"本土概念"——见识，家长们表示，他们希望孩子能够多参加这样的活动，能够"长见识"。作为父母，他们也会在自己能力范围内给孩子创造这种"长见识"的机会。"见识"在家长眼中是一个持续性、积累性的东西。每一次都需要孩子跨出自己的舒适区，不断地挑战、不断地积累。孩子通过这些表演活动，不仅体验了表演本身，更是对自己的能力产生新的认知，了解自己的能力边界。当他们对自我的能力通过舞台表演重新进行评估，提升了自我能力认知，便产生了"自信"。

家长们希望孩子通过仪式表演的"锻炼",不仅能增长见识,更重要的是增加"自信"。他们认为,"自信"一方面内隐于孩子的自我观念中,是一种自我评价;另一方面这种自我观念将依托于孩子的身体获得呈现,表现在孩子的话语、肢体语言、面部表情综合而成的一种整体气质。"自信"是依托于孩子的实践活动所呈现出的一种状态,而表演提供了一个特殊的实践场域——舞台。口才教育为培养孩子自信提供了一个良性的循环,借由舞台自我输出、不断地突破自我、不断地提高自己。这能够给孩子一个获得成功经验的机会,通过孩子的自我输出、自我实践产生这种成功的实践性体验,让孩子产生自信。

孩子的自信是由"成功的经验"所产生的,虽然这个"经验"受到场域的限制,可能表现为孩子某些方面有自信,有些方面没自信。例如,一个在舞台上表现得很有自信的孩子,生活中和别人沟通还是没有自信。但是,一个有"自信的孩子"会更敢踏出自己的"舒适圈",去获得自己不熟悉领域的经验,去自我实践,经历从不熟悉到熟悉,不断地产生成功的经验,最终在这个领域也获得了自信。

由此可见,自信是一种基于"行动的行动",它产生一种让人不断去突破自我舒适区的实践模式。借由布迪厄的惯习(habitus)来解释"自信",惯习是一套持久的可变换的性情系统,是一些被建构的结构,这些结构倾向于作为建构性的结构而起作用,生产了实践。因此,"自信"可以被视为一种"惯习",它既是持久的、动态的,又能去建构行为模式,具体来说,就是让人敢于探索未知的领域,获得新的经验。这些实践的产生反过来又加强了"自信"这一惯习的养成。惯习的养成是需要场域的,是行动者拥有的惯习和资本所展开的领域,场域会塑造惯习。舞台表演提供了孩子锻炼自信的场域,孩子通过在呈现特定的表演内容的同时,也在练习如何"表演自信"。家长们则希望孩子获得真正的"自信",而不仅是在舞台上所表现出的自信,他们希望孩子能真正将"自信"变成自己的惯习,成为自己的气质的重要组成部分。

综上，孩子通过舞台表演活动将在口才学校习得的具身性文化资本呈现在舞台上这一场域，图 6-1 呈现了口才学校相关人员（学生、老师、家长等）对舞台表演获得的理解。首先，由于舞台是孩子不熟悉的陌生场域，为达到比较好的表演状态，孩子需要在舞台上调整自己的心理、控制自己的身体，而这一过程被称为对孩子的"锻炼"。其次，孩子需要在这个过程中不断地挑战自我、踏出自己的舒适区，而这种实践性经验的累积就变成了"见识"。孩子拥有的"见识"就是孩子新的自我认知能力边界，当孩子的"见识"范围越大，他们就越加相信自己的能力，对自己能力边界有了新的认知，就有了自信。最后，孩子通过一次次的舞台表演上的自我呈现的累积来实现这种"自我转变"。

```
  ┌─ 口才训练 ─┐              ┌─ 口才呈现 ─┐
  ┌─────────┐   实践   ┌─────────┐   锻炼   ┌─────────┐
  │课堂&课后 │ ───────→ │ 舞台表演 │ ───────→ │见识&自信 │
  └─────────┘          └─────────┘          └─────────┘
```

图 6-1　相关人员对舞台表演获得的理解

现有关于口才、演讲、情感表达的培训班的研究中都有涉及这类表演活动（performance）。虽然表演的形式、规模和内容不同，参与者的年龄性别各异，但他们借由这种仪式活动完成一系列自我转变（transforming selves）、突破自我、能力转变（change in capacity），最终实现一种自我的重塑。通过一系列培训活动后的"重构的自我"投入日常实践中，达到他们期待的如公众演讲、日常交流、商务谈判等语言方面的提升。与本书研究最类似的是汉佩尔（Hampel）对北京的一个语言培训俱乐部（Toastmaster speaking club）的研究，他们借由这种对学员们的培训和公开演讲活动，让学员们最终不再恐惧舞台、"不怯场"（overcoming stagefright），获得自信。同时，汉佩尔采用布迪厄的文化资本、场域、惯习的概念工具，将学生如何在"舞台"场域上不断实践语言文化资本，从而获得"自信"这一惯习的过程具体呈现出来。

表6-1呈现了口才学校的不同教学活动中,学生和家长的参与情况。具体而言,在日常训练中,学生以一种师生互动的方式进行口才学习,学生以自我输出的方式来提升自己的口才能力。家长也被学校安排进一系列的活动——"被参与"口才教学中,家长的参与不仅能够帮助孩子口才教育的再获得,同时也见证了孩子口才教育获得的过程。在舞台表演中,学生们将自己平时学得的口才技能在舞台上以语言节目的形式展现出来。鉴于舞台是一种规范化的、有观众的特殊场域,学生们需要调整和控制自己来达到一种比较好地呈现口才节目的状态,这是对孩子们的"锻炼"。孩子们在一次次锻炼后收获了舞台表演经验,增长了"见识"。这种见识的累积最终会让他们更加清楚自己的能力边界,不再害怕舞台,相信自己的能力,成为一个自信的孩子。孩子这种"自信"的转变,被老师和家长们通过一次次的舞台表演而不断得到见证。

表6-1 口才教学活动中学生和家长的参与情况

学生	参与	参与	获得者
家长	参与和观察	观察和记录	见证人

学校通过一系列的教学活动让学生和家长共同参与口才训练,又通过舞台呈现等活动让学生和家长共同见证学生的变化。学生在一次次获得舞台"锻炼"之后,他们变得更敢说话、更自然流利地表达自己、更自信。孩子们所被给予的期待也有刚开始的"会说话、见什么人说什么话"到"敢说话、自信地表达自我"。学生们通过参加课程和活动重新建构了自己的身份和未来的希望,他们对自己的定义和教育期待的内容都发生了变化。

结　　语

　　《义务教育语文课程标准》（2022年版）在指导思想中指出："以习近平新时代中国特色社会主义思想为指导，全面贯彻党的教育方针，遵循教育教学规律，落实立德树人根本任务，发展素质教育。以人民为中心，扎根中国大地办教育。坚持德育为先，提升智育水平，加强体育美育，落实劳动教育。反映时代特征，努力构建具有中国特色、世界水准的义务教育课程体系。聚焦中国学生发展核心素养，培养学生适应未来发展的正确价值观、必备品格和关键能力，引导学生明确人生发展方向，成长为德智体美劳全面发展的社会主义建设者和接班人。"我们可以看到艺术越来越成为教育重要的一部分。

　　语文课程标准关于口语交际的总体目标中更是指出，培养学生具备日常口语交际的基本能力，学会倾听、表达与交流，初步学会运用口头语言文明地进行人际沟通和社会交往。口语交际已经不再仅仅局限于口才班的教学，更是纳入学校教育，成为衡量学生学习能力的重要环节。在大语文背景下，高考作文中出现越来越多语言应用的题目，例如，2020年新高考Ⅱ卷中"电视台邀请你客串'中华地名'主持人，请以'带你走进＿＿'为题写一篇主持词"，同年全国Ⅱ卷中出现"世界青年与社会发展论坛"邀请你作为中国青年代表参会，发表以"携手同一世界，青年共创未来"为主题的中文演讲，越来越多的人们认识到"语言应用"的重要性。

此前教育部发文称，为贯彻落实党的二十大精神，加大国家通用语言文字推广力度，深化全民阅读活动，传承弘扬中华优秀语言文化，推进文化自信自强，教育部、国家语委决定举办第五届中华经典诵写讲大赛，旨在提升社会大众特别是广大青少年的语言文字应用能力和语言文化素养，激发其对中华经典的热爱，营造爱读书、读好书、善读书的浓厚氛围，助力建设全民终身学习的学习型社会、学习型大国。目前中小学生普通话测评新政策已经开始实施，未来口才不再只是普通的兴趣班，而是纳入考试的应试科目，口才教育的重要性不言而喻。

教育部、国家语言文字工作委员会于2022年发布《中小学生普通话水平测试等级标准及测试大纲》（试行）和《汉字部首表》。两项语言文字规范均由教育部语言文字应用研究所（国家语委普通话与文字应用培训测试中心）组织研制，由国家语委语言文字规范标准审定委员会审定。《中小学生普通话水平测试等级标准及测试大纲》是在广泛调研和大规模测试基础上研制，按照适用性、交际性、体系性的原则，充分借鉴普通话水平测试长期积累的学术成果和实践经验，力求与中小学生的心智特点和学业要求相适应，与义务教育语文课程标准和教学实践相结合，与普通话水平测试有效衔接。该规范将中小学生的普通话水平划分为6级，规定了测试的内容、范围、试卷构成和评分标准等，适用于义务教育阶段小学五年级及以上学生普通话水平的测评或评估监测并于2022年12月15日起试行。

在2015年澳大利亚研究报告《从能力结构变化想象未来人才需求和教育创新》中提到沟通技能占比12%，表达技能占比25%，学校教育固然重要，"高考"被国内许多家长看作人生场域的"入场券"。学生们借由"高考"转换了人生场域，当他们开始进入新的场域时，他们在场域中获取资本的原则便不再是成绩的高低，场域中资本的生产规则发生了转变。这种规则可以概括为：拥有某种文化资本的人，就会有转换和再生产资本的能力，资本的累积帮助他们在新的场域中获得想要的空间位置。"某种文化资本"被看作重要的存在，因为这是孩子未来人生场域中资本转换和累积的筹码。这个筹码是非学业类的技能素质，而这种筹码的获得需要投入大量的时间和精力来培养，也就是所有能提升学生文化资本的特长班。"口才教育"是众多特长培训中的一类，此外还有体育、美术、音乐、舞蹈、书法等。每类特长代表一类文化资本，学生们通过在未来人生场域中展现该文化资本就能帮助他们获得其他资本的转换和累积。因此，在学业不冲突的前提下，学生们也会被安排大量的特长班，为的就是培养"某种文化资本"。这些培训的背后是家长们对于孩子未来的期望，他们希望尽可能现在帮助孩子，让他们获得尽可能多的文化资本，以便未来在人生场域中有能力获取更多的资本。越来越多的学生家长开始发现口才教育以及口才的训练重要性，这种重要性往往体现在学生的未来生活中。他们认为"进入社会只学习好是不够的"。

当今社会，大众媒体似乎也在围绕"会说话"这一技能引发话题、生产舆论。近年来，《朗读者》《超级演说家》《奇葩说》等语言类节目受到大众的欢迎和热捧，越来越多的观众喜欢观看这种"别人如何说话"的节目。以《奇葩说》为例，它是 2014 年爱奇艺打造的中国首档说话达人秀，旨在寻找华人华语世界中，观点独特、口才出众的"最会说话的人"。节目以辩论的形式展开，辩题会通过网友投票形式选取。节目开播以来吸引了大批"80 后""90 后"用户。该节目自 2014 年 11 月底上线以后，总点击量已经破亿，微博话题阅读量也已经破 10 亿。同时《脱口秀大会》等语言节目的大火，也说明"会说话"已经成为一门公认的艺术，"会说话"也成为大众所关注的热点和向往的状态，已经成为一种必备技能和特长并被大众所追捧、消费。

当口才教育被人们所需要时，引发了我们对"口才"的反思：口才在当下中国社会到底有多重要？为什么重要？我们发现越来越多的场合需要"会说话"的技能，无论是公众场合的自我表达，还是团队合作的协商沟通。口才看似抽象、不可见，却能影响个人的整体形象、与他人的关系、他人对自己的评价、个人在群体中的影响力，等等。口才作为一种工具和媒介来搭建个人在社会中的形象和位置，口才好的人更容易获得正面的评价，也更容易得到人际交往的积极回应，进而获得广泛的人脉。儿童进行口才教育，不仅可以激发儿童的学习兴趣，让孩子积极主动地大声说话、大胆表达，更因为口才教学内容大多贴近日常生活，所学皆有所用，有利于增强孩子的自信心，而且，口才教育在锻炼孩子口才的同时，也能丰富他们的学识内涵。在过去的教学中，很少有系统地从教育学的角度来全面地剖析口才教育的教学教法，也希望本书能为从事儿童口才教育的各位教师提供一定的参考，助力语言艺术教学领域建立强大的师资队伍，进一步提升少儿语言艺术教学人才专业水平、专业技能、探知和学习能力。

参考文献

专著类

[1] 中华人民共和国教育部. 义务教育艺术课程标准2022年版［M］北京：北京师范大学出版社，2022.

[2] 郭声健. 艺术教育［M］. 北京：教育科学出版社，2001.

[3] 贺志朴，姜敏. 艺术教育学［M］. 北京：人民出版社，2001.

[4] 魏传义. 艺术教育学［M］. 重庆：重庆出版社，1990.

[5] 马东风. 音乐教育史研究论［M］. 北京：京华出版社，2001.

[6] 黄光雄，蔡清田. 课程设计：理论与实际［M］. 南京：南京师范大学出版社，2005.

[7] 王文科. 课程与教学论［M］. 台北：五南图书出版公司，2004.

[8] 钟启泉. 现代课程论［M］. 上海：上海教育出版社，1989.

[9] 阮元. 十三经注疏［M］. 北京：中华书局，1980.

[10] 高时良. 学记研究［M］. 北京：人民教育出版社，2006.

[11] 中国大百科全书出版社编辑部. 中国大百科全书·教育［M］. 北京：中国大百科全书出版社，1985.

[12] 陈桂生. "教育学视界"辨析［M］. 上海：华东师范大学出版社，1997.

[13] 保罗·弗莱雷. 被压迫者教育学［M］. 顾建新，赵友华，何曙荣，译. 上海：华东师范大学出版社，2001.

[14] 爱莉诺·达克沃斯. 精彩观念的诞生——达克沃斯教学论文集［M］. 张华，等译. 北京：高等教育出版社，2005.

[15] Jeroms S. Bruner. 教学论［M］. 姚梅林，郭安，译. 北京：中国轻工业出版社，2008.

[16] 华东师范大学教育系,杭州大学教育系. 现代西方资产阶级教育思想流派论著选[M]. 北京:人民教育出版社,1983.

[17] 普莱西,斯金纳,等. 程序教学和教学机器[M]. 刘范,曹传咏,等译. 北京:人民教育出版社,1964.

[18] 吴文侃. 当代国外教学论流派[M]. 福州:福建教育出版社,1990.

[19] 钟启泉,黄志成. 美国教学论流派[M]. 西安:陕西人民教育出版社,1993.

[20] Bruce Joyce,等. 教学模式[M]. 荆建华,等译. 北京:中国轻工业出版社,2002.

[21] 中华人民共和国教育部. 3~6岁儿童学习与发展指南[M]. 北京:首都师范大学出版社,2012.

[22] 林一钢. 中国大陆学生教师实习期间教师知识发展的个案研究[M]. 上海:学林出版社,2009.

[23] 教育部师范教育司. 教师专业化的理论与实践[M]. 北京:人民教育出版社,2003.

[24] 郑肇桢. 教师教育[M]. 香港:香港中文大学出版社,1987:58-59.

[25] 胡森. 国际教育百科全书:第9卷[M]. 贵阳:贵州教育出版社,1990.

[26] 顾明远,梁忠义. 教师教育[M]. 长春:吉林教育出版社,2000.

[27] 苏霍姆林斯基. 给教师的一百条建议[M]. 杜殿坤,译. 北京:教育科学出版社,1984.

[28] 费斯勒,克里斯坦森. 教师职业生涯周期——教师专业发展指导[M]. 董丽敏,高耀明,等译. 北京:中国轻工业出版社,2005.

期刊类

[1] 抗文生. 教育艺术与艺术教育[J]. 西北师大学报(社会科学版),1991(1).

[2] 陈丽. 艺术教育浅议[J]. 江西社会科学,2001(12).

[3] 周蕾. 中小学艺术教育的重要性分析[J]. 艺术教育,2019(3).

[4] 林耿. 论艺术教育在中小学素质教育中的重要性[J]. 北方音乐,2019,39(6).

[5] 吴秋芬. 教师专业性向与教师专业发展[J]. 教育研究,2008(5).

［6］谢旭慧，程肇基，王艾平. 影响师范生普通话水平因素的实证研究［J］. 语言文字应用，2006（3）：126－132.

［7］汪应乐. 方言复杂地区高师针对普通话水平达标的训练对策［J］. 上饶师范学院学报（社会科学版），2005（1）：100－104.

［8］朱慧. 普通话语音培训教学方法探索［J］. 铁道师院学报，1999（5）：74－75.

［9］王玲玲. 创新教育背景下的中小学实验教学改革［J］. 山东教育科研，2002（12）：20.

［10］吴慧，乔丽华，朱青春. 普通话水平测试说话项应试失误分析与培训教材、教学模式研究［J］. 语言文字应用，2007（S1）：112－116.

［11］袁晓薇. 长期着眼短期强化——谈测前培训与测试［C］//国家语言文字工作委员会普通话培训测试中心. 首届全国普通话水平测试学术研讨会论文集. 北京：语文出版社，2002：6.

［12］胡红. 普通话说话训练与测试应重视语境设置［J］. 昭通师范高等专科学校学报，2002（3）：60－63.

报纸文章类

［1］习近平. 做党和人民满意的好老师——同北京师范大学师生代表座谈时的讲话［N］. 人民日报，2014－09－10（1）.

论文集类

［1］教育部体育卫生与艺术教育司，教育部艺术教育委员会组. 学校艺术教育60年（1949—2009）［C］. 长沙：湖南师范大学出版社，2009.

外文文献类

［1］LOUISE A. International Encycloped of Teaching and Teacher Education［M］. NewYork：Bergamo，1995.

［2］SAYLOR J G，ALEXANDER W M，LEWIS A J. Curriculum Planning for Better Teaching and Learning (4th ed.)［M］. NewYork：Holt，Rinehart and Winston，1981.

［3］JACKSON W. Handbook of Research on Curriculum［M］. New York：Macmillan，1992.

[4] STENHOUSE L. An Introduction to Curriculum Research and Development [M]. London: Heinemann Educational Publishers, 1975.

[5] BOBHITT F. The Curriculum [M]. New York: Amo Press & The New York Times, 1918.

[6] TYLER R. Basic Principles of Curriculum and Instruction [M]. Chicago: University of Chicago Press, 1949.

[7] ELLIOTT J. A Curriculum for the Study of Human Affairs: the Contribution of Lawrence Stenhouse [J]. Journal of Curriculum Studies, 1983, 15 (2).

[8] FREIRE P, MACEDO D. A Dialogue: Culture, Language, and Race [J]. Harvard Educational Review 1995, 65 (3).

[9] BRUNER J S. Learning about Learning: a Conference Report [M]. Washington, D C U. S. Government Printing Office, 1966.

[10] BAGDONIS A S, SALISBURY D F. Development and Validation of Models in Instructional Design. [J]. Educational Technology, 1994 (4).

[11] HAMMERSLEY M. Action Research: a Contradiction in Terms? [J]. Oxford Review of Education, 2004, 30 (2).